AF277917

# HABLEMOS DEL PAVO

# PETER SINGER

## HABLEMOS DEL PAVO

Breve historia
de una tradición

Traducción de
Álvaro Marcos

Papel certificado por el Forest Stewardship Council®

Primera edición: abril de 2025
Título original: *Consider the Turkey*

© 2025, Peter Singer
© 2025, Penguin Random House Grupo Editorial, S. A. U.
Travessera de Gràcia, 47-49. 08021 Barcelona
© 2025, Álvaro Marcos, por la traducción

Diseño de la colección: PRHGE/Nora Grosse

*Printed in Spain* – Impreso en España

ISBN: 979-13-87600-80-8
Depósito legal: B-2.484-2026

Compuesto en La Nueva Edimac, S. L.
Impreso en Artes Gráficas Huertas
Fuenlabrada (Madrid)


C600808

# Índice

# 1. Indultemos a los pavos (pero a todos ellos)

Existen muchas costumbres extrañas en Estados Unidos, pero una de las más curiosas es, sin duda, el ritual anual consistente en «indultar» a un pavo antes del día de Acción de Gracias. Aunque se dice que ya el presidente Abraham Lincoln perdonó la vida de un pavo que había sido llevado a su casa para la cena de Navidad, los indultos presidenciales a pavos se remontan a hace tan solo sesenta años. Como ocurre con muchas otras prácticas estadounidenses, el origen del ritual fue una ingeniosa idea de marketing: la Federación Nacional del Pavo presentó un pavo vivo al presidente Harry S. Truman para la cena de Acción de Gracias. El acto apareció en los medios de comunicación y, a partir de entonces, se convirtió en un acontecimiento anual. En 1963, el presidente John F. Kennedy recibió como regalo un pavo que llevaba colgado al cuello un cartel que reza-

ba: Buen provecho, señor presidente.
Cuando vio al pavo, el presidente dijo: «Vamos a dejar que este crezca». Aunque sus sucesores inmediatos no siguieron su ejemplo, el presidente George H. W. Bush sí lo hizo y, desde entonces, todos los presidente han seguido «indultando» a un pavo –o, a veces, incluso a dos– la víspera del día de Acción de Gracias.

La Constitución de Estados Unidos autoriza al presidente a conceder un indulto por un delito federal, pero nadie ha mencionado nunca de qué supuesto crimen son indultados los pavos. Cabe presumir que es porque los pavos no cometen delitos. Saber que en algún lugar hay dos pavos que siguen vivos ¿hace sentir un poco mejor a las familias estadounidenses mientras engullen el cadáver de uno de los cuarenta y seis millones de pavos sacrificados cada año para la cena de Acción de Gracias? Lo cierto es que nuestra mente puede recurrir a trucos extraños, sobre todo cuando tenemos dudas éticas –quizá inconscientes– sobre lo que queremos hacer. ¿Imaginan los estadounidenses de hoy en día que el pavo indultado expía el pecado de cenar pavo, un poco como los antiguos hebreos, que creían que, si liberaban a una cabra en el desierto, ese «chivo expiatorio» cargaba con sus pecados? ¿O se trata simplemente de una alianza de conveniencia entre los intereses de los productores, que solo buscan vender más pavos, y los de los presidentes estadounidenses, que desean mantener buenas relaciones con la industria agroalimentaria? ¿Tiene alguna relevancia el hecho de que, como veremos en las páginas siguientes, Jennie-O –el proveedor de los pavos indultados por el presidente Joseph Biden en 2023 y el mayor productor de pavos del país– recibiera del Gobierno federal casi 106 millones de dólares entre 2022 y 2024 como compensación por la muerte de pavos en sus granjas (de los cuales, varios millones perecieron lentamente, calentados de forma deliberada hasta la muerte)?

El trato que dispensamos a los animales es, en esencia, una cuestión ética sobre la que he pensado y escrito durante más de cincuenta años. A lo largo de ese tiempo, hemos logrado ciertos avances, aunque no los suficientes, y en algunos aspectos incluso hemos retrocedido. La producción masiva de pavos es un ejemplo de este retroceso. No creo que la mayoría de los estadounidenses considere aceptables las prácticas que describo en estas páginas; sin embargo, al comprar y consumir productos de esta industria, se convierten en cómplices de dichas prácticas. Por eso, mi principal motivación a la hora de escribir este libro es dar a conocer a los estadounidenses la realidad del ave que constituye la base de su celebración más emblemática, y arrojar luz sobre la vida y la muerte de los más de doscientos diez millones de pavos producidos comercialmente en Estados Unidos en 2022. Espero que el libro anime también a personas de todo el mundo a reflexionar sobre los animales que se consumen en celebraciones tradicionales, como la Navidad, la Pascua o el Eid que pone fin al Ramadán.

Al acercarse a las últimas páginas del libro, muchos lectores ya no precisarán más argumentos éticos para saber que lo que denuncio es inaceptable. Para el resto, y antes de concluir, presentaré un último y sencillo razonamiento ético que demuestra por qué no se puede justificar el apoyo al actual sistema industrial de producción de pavos.

## 2. «Un pavo tremendamente apuesto, sociable e inteligente»

Los pavos son aves galliformes del género *Meleagris*, nativas de América del Norte. Hace aproximadamente veinte millones de años, evolucionaron a partir de un ancestro común que comparten con los faisanes y urogallos. Fueron domesticados hace unos dos mil doscientos años por los pueblos indígenas americanos, quienes hallaron en ellos una importante fuente de proteína. Sin embargo, los pavos que los estadounidenses consumen hoy llegaron a Estados Unidos por una ruta indirecta. Cuando los españoles llegaron a México en 1519 y descubrieron los pavos criados por los aztecas, no tardaron en llevarlos a España. Durante los dos siglos siguientes, la crianza de pavos para el consumo se extendió por toda Europa. Al principio, se pensaba que estas aves eran «pintadas» (o «gallinas de Guinea»), conocidas a su vez también como *turkeys* porque habían sido introducidas en Europa a través de Constantinopla, entonces bajo dominio turco. Con el tiempo, se constató que aquellas aves provenientes de México eran bastante diferentes de las gallinas de Guinea, pero el nombre se mantuvo.

Los pavos macho suelen ser mucho más grandes y coloridos que las hembras. Tienen un ritual de cortejo en el que se «pavonean» exhibiendo su plumaje. Durante este despliegue, el moco –una protuberancia carnosa que cuelga por encima del pico– se llena de sangre y se extiende más allá de él. (Entre las especies de pavos salvajes, se ha demostrado que las hembras prefieren a los machos con mocos más largos). El comportamiento de los machos influyó tan rápidamente en la cultura inglesa que Fabián, un personaje de William Shakespeare, describe al vanidoso Malvolio en *Noche de reyes* como «un pavo real soberbio [...] ¡cómo se infla bajo sus erizadas plumas!».

Los colonos ingleses que se asentaron en América del Norte en el siglo XVIII llevaron pavos con ellos. Fue así como los descendientes de las aves que, tras evolucionar, habían sido domesticadas por primera vez en México regresaron a América del Norte, aunque se trataba de variedades que habían sido criadas en Europa.

+++

Es un mito común creer que los pavos domesticados son estúpidos –tan estúpidos, según se dice, que si llueve mientras están al aire libre alzan la cabeza para mirar al cielo hasta que se ahogan con la lluvia. No existe evidencia científica que respalde esta creencia, lo cual no debería sorprendernos si tenemos en cuenta que los pavos evolucionaron y sobrevivieron en regiones donde las precipitaciones son frecuentes.

Sabemos que tanto los pavos salvajes como los domesticados que gozan de libertad para moverse por un área amplia viven, al igual que las gallinas de corral, en grupos que suelen rondar los veinte individuos. Dentro de estos núcleos se forman jerarquías. La expresión inglesa *pecking order* (literalmente, «orden de picoteo»), empleada para hacer referencia a jerarquías informales en grupos humanos, proviene en realidad de la observación de estas conductas avícolas. Al principio, las aves más fuertes y agresivas tienen que propinar algunos picotazos para imponerse, pero, con el tiempo, las subordinadas aprenden a no interferir con aquellas que ocupan una posición superior en la jerarquía. Este orden requiere que los miembros del grupo sean capaces de reconocer al resto y distinguir a quién pueden dominar y ante quién deben ceder. Al igual que sucede en los grupos humanos, existe un número limitado de congéneres que cada pavo puede recordar y reconocer. Como consecuencia –y como veremos en el capítulo 4–, las peleas entre pavos son mucho más frecuentes cuando hay miles de ellos hacinados en un único cobertizo que cuando están al aire libre y cuentan con suficiente espacio para formar grupos sociales estables.

Una de las pruebas más utilizadas para evaluar la capacidad cognitiva en animales es la «prueba del espejo». En ella, los científicos hacen que animales de distintas especies se acostumbren a la presencia de un espejo para tratar de determinar si el animal interpreta su imagen como la de otro –quizá un intruso, lo que puede provocar una respuesta hostil– o si, por el contrario, reconoce que lo que contempla es su propia imagen, lo que indicaría que posee autoconciencia y es capaz de percibirse a sí mismo como un individuo distintivo, que existe a lo largo del tiempo. Esta prueba del espejo solo funciona con animales que tienen buena visión y que utilizan principalmente el sentido de la vista para distinguir a otros individuos. Los perros, por ejemplo, no pasan la prueba del espejo estándar, ya que se guían más por el olfato que por la vista, pero sí aprueban una versión olfativa del mismo test. Las aves, en cambio, sí usan la vista como principal sentido de reconocimiento. Un experimento ingenioso demostró que los gallos son capaces de pasar la prueba del espejo. Basándose en el hecho, ampliamente documentado, de que solo alertan a las gallinas del corral cuando advierten la presencia de un depredador, pero no cuando están solos, el experimento demostró que, al situarlos frente a un espejo, no daban aviso alguno. De lo que puede concluirse que no perciben a otro gallo, sino a ellos mismos.

Tras leer un informe sobre dicho experimento, contacté con la investigadora principal del equipo que lo llevó a cabo, Sonja Hillemacher, para indagar acerca de estudios similares realizados con pavos. «No existen estudios sobre la cognición de los pavos», me respondió, si bien añadió que «es razonable asumir que los pavos puedan reconocerse a sí mismos en un espejo si las gallinas pueden hacerlo, ya que los pavos también tienen un comportamiento social muy complejo, si no más».

No obstante, Hillemacher me remitió a varios vídeos y fuentes de información sobre Cornelius, un pavo que vive junto a una cerda llamada Esther en un santuario de animales de granja en Ontario, fundado por dos personas llamadas Steve y Derek. Steve y Derek fundaron el santuario después de adoptar a Esther, cuando comenzaron a acoger a otros animales de gente que no podía hacerse cargo de ellos. Cornelius, según cuentan, «se sintió enseguida como en casa» y se mudó del granero principal a la vivienda compartida por Steve, Derek y Esther. Una entrada del blog del santuario describe a Cornelius como «un pavo tremendamente apuesto, sociable e inteligente», así como «un hermano increíblemente sensible y cariñoso» con los demás animales del refugio. Cornelius aprendió pronto la ubicación de todos los recipientes donde se guardaba la comida. Según Derek, «tiene también una vista increíblemente aguda y es capaz de detectar si alguien está pelando un plátano en el otro extremo de la habitación. Le ENCANTAN los plátanos y siempre lleva la cuenta de cuántos debería haber en el cuenco». Cornelius tiene una relación especialmente estrecha con Esther y, si el tiempo es húmedo, se quedan dentro de la casa, acurrucados bajo unas mantas. En una ocasión, Esther tuvo que ser llevada al hospital, Cornelius parecía preocupado y con frecuencia se quedaba fuera, esperando a que ella regresara. Cuando Esther volvió por fin a casa, se produjo un reencuentro lleno de alegría y arrumacos.

En el momento en que se escribió esa entrada del blog, Cornelius tenía siete años y seguía sano y activo. A medida que leas los siguientes capítulos de este libro, intenta recordar a Cornelius y ten presente que cada pavo es un individuo único, con su propia personalidad y con el potencial de vivir una vida tan larga y rica como la que tuvo él.

Estados Unidos es el mayor productor de pavos del mundo y también el mayor exportador de productos derivados de esta ave. En 1970, los estadounidenses consumían algo más de tres kilos y medio por persona al año; en 2021, esa cifra casi se había duplicado, superando los siete kilos. En 2023, se estimó que la producción nacional de carne de pavo destinada al mercado interno estadounidense fue de más de dos millones y medio de toneladas al año, a las que se sumaron otras doscientas mil toneladas exportadas al extranjero. Minnesota, el estado con mayor producción, produjo treinta y siete millones de pavos ese año. Irónicamente, México –el lugar en el que los pavos fueron domesticados por primera vez– es hoy el mayor mercado internacional para los productores estadounidenses de pavo, y absorbe casi dos tercios de sus exportaciones.

La cría moderna ha transformado profundamente a los pavos. En la década de 1930, el peso promedio de un pavo producido comercialmente en Estados Unidos rondaba los siete kilos. En 1960, ese peso medio todavía era inferior a ocho kilos. Sin embargo, a partir de ese momento, la introducción de la cría selectiva orientada al aumento del tamaño comenzó a tener un gran impacto, de modo que en 2017 el peso promedio por ave había superado los trece kilos y medio. La variedad conocida como pavo blanco de doble pechuga (*broad-breasted white*) se ha convertido en la dominante, hasta representar el 99 por ciento del total de pavos vendidos. Como su propio nombre indica, estas aves tienen un pecho muy ancho, lo que les confiere un gran atractivo comercial, ya que la mayoría de los consumidores de pavo prefieren las porciones de pechuga. Sin embargo, criar pavos para que tengan un pecho tan grande tiene una desventaja importante, como estamos a punto de descubrir.

# 3. Cómo «hacer» un pavo

El *Manual Merck de Veterinaria*, una obra de referencia que puede encontrarse en línea, señala que, dado que «estas aves grandes y fuertemente musculadas no pueden completar físicamente el proceso de apareamiento», en la industria del pavo se recurre de manera rutinaria a la inseminación artificial. El manual, de amplia difusión, ofrece una descripción detallada de este procedimiento, incluyendo cómo se masturba a un pavo para obtener el semen necesario para la inseminación, lo cual se lleva a cabo

> estimulando el órgano copulador (el falo) para que sobresalga, mediante el masaje del abdomen y la zona dorsal posterior situada sobre los testículos. Seguidamente, se empuja la cola hacia delante con una mano y, al mismo tiempo, usando el pulgar y el índice de esa misma mano, se aplica pre-

sión en el área cloacal para «ordeñar» el semen de los conductos del falo.

El manual también ofrece instrucciones para insertar el semen en la hembra:

> Sosteniendo a la pava en posición vertical, se aplica presión en el abdomen, alrededor de la cloaca, particularmente en el lado izquierdo. Esto hace que la cloaca se invierta y que el oviducto sobresalga, de modo que se pueda insertar en el oviducto una jeringa o una pajita plástica de aproximadamente 2,5 centímetros para depositar la cantidad adecuada de semen. Al expulsar el semen, se libera la presión alrededor de la cloaca, lo que ayuda a la pava a retener el esperma en la vagina o el oviducto.

Este tipo de descripción clínica no indica mucho sobre lo que conlleva en la práctica la inseminación artificial para una pava en el contexto de una granja industrial, donde los trabajadores repiten diariamente esta tarea durante horas. Nacido y criado en una granja de Missouri, Jim Mason se licenció en Derecho y entró a trabajar como abogado en una organización de defensa de los animales. Para tener un conocimiento de primera mano de lo que supone la inseminación artificial, tanto para los pavos como para los operarios de las granjas, consiguió empleo como inseminador. La empresa Butterball, una división del gigante agroindustrial ConAgra, y la mayor productora de pavos de Estados Unidos, estaba contratando personal para sus equipos de inseminación en Carthage (Missouri). Mason envió su solicitud y le indicaron que se presentara directamente en la planta. Al llegar, le hicieron una prueba de detección de drogas. El único requisito para conseguir el trabajo parecía consistir en pasar dicha prueba, ya que lo contrataron sin hacerle ninguna pregunta sobre su experiencia trabajando con pavos o inseminación artificial.

Durante el tiempo que permaneció en el puesto, Mason trabajó en ambas fases del proceso: extrayendo el semen del macho (conocido como *tom* en inglés) e inyectándolo en las hembras. En la nave de los machos, que se mantienen separados de las hembras, su tarea consistía en sujetar al pavo por las patas para voltearlo y ponerlo boca abajo, antes de alzarlo, sujetándolo por las patas y por un ala, y colocarlo sobre un banco, apoyado sobre el pecho y el cuello, de modo que la cloaca quedara orientada hacia el operario, quien la estimulaba manualmente hasta que el conducto se abría y el semen comenzaba a salir. Luego, con una bomba de vacío, se aspiraba el semen y se depositaba en una jeringa. A continuación, Mason atrapaba a otro macho y repetía el procedimiento una y otra vez, hasta llenar la jeringa.

La tarea en la nave de las hembras era aún más dura. Según la propia descripción de Mason:

Las hembras pesan entre 9 y 13,5 kilos y están aterrorizadas. Agitan las alas y se resisten, presas del pánico. Pasan por este proceso cada semana durante más de un año, y no les gusta nada. Una vez que las sujetas con una mano, las colocas con el pecho hacia abajo sobre el borde de la mesa de inseminación, de forma que la parte trasera quede elevada. Con la otra mano, sitúas la palma sobre la cloaca y la cola y, a continuación, tiras hacia arriba de la rabadilla y de las plumas de la cola. Al mismo tiempo, empujas hacia abajo con la mano que sujeta las patas, lo que permite «romper» la postura de la hembra, de modo que la parte dorsal quede completamente vertical y la cloaca expuesta. El inseminador coloca el pulgar justo bajo la cloaca y empuja, abriéndola aún más, hasta que aparece expuesto el extremo del oviducto. En ese punto del proceso, introduce una pajita con semen conectada a un tubo que sale de un compresor de aire y aprieta el gatillo, liberando una ráfaga de aire comprimido que expulsa la solución de semen desde la pajilla hasta el interior del oviducto. Después, se suelta a la hembra, que se aleja dando tumbos.

En la mayoría de las jurisdicciones estadounidenses, agredir sexualmente a un animal es un delito. ¿En qué se diferencia entonces lo que describe Mason de una agresión sexual a la hembra? Admito que el trabajador no busca ningún tipo de satisfacción sexual, pero ¿qué le importa eso a la pava? Como vimos antes, las hembras de pavo salvaje eligen con qué machos aparearse y prefieren a aquellos que tienen el moco más largo. «Aunque son los machos los que se pavonean como locos, en última instancia son las hembras las que eligen a sus parejas», escribe Anne Readel, bióloga y fotógrafa de fauna salvaje. No es de extrañar que las hembras detesten este procedimiento: no tienen capacidad alguna de control sobre quién toca una zona tan sensible de su anatomía, que no permiten ni siquiera que toquen los machos con mocos más cortos. Además, como señala también Mason, los trabajadores están bajo una gran presión para ejecutar la tarea lo más rápidamente posible:

De forma rutinaria y metódica, los *breakers* («rompedores», nombre que reciben quienes sujetan y colocan a las hembras) y el inseminador repetían este proceso una y otra vez, ave por ave: seiscientos pavos machos por hora, o diez por minuto. Cada *breaker* «rompe» (coloca en posición) cinco hembras por minuto, es decir, una cada doce segundos, trescientas por hora, diez horas al día. A esa velocidad, el manejo de las aves tiene que ser rápido y brusco. Es el trabajo más duro, rápido, sucio, repugnante y peor pagado que he hecho en mi vida. Durante diez horas, estuvimos agarrando aves y forcejeando con ellas, volteándolas bruscamente hacia abajo, con la cloaca forzada y expuesta frente a nosotros, esquivando las descargas de excremento mientras respirábamos el aire cargado de plumas y del polvo que levantaban los animales aterrados. En mitad de todo ello, tenía que soportar además el torrente de insultos y gritos proferidos por el capataz y por otros miembros del equipo. Aguanté un día.

En un mercado competitivo, reducir los costes laborales, incluso en los empleos peor remunerados, aumenta los beneficios. Por eso existe tanta presión para trabajar lo más rápido posible, y por eso también los capataces gritan e insultan a los trabajadores cuando no avanzan con rapidez. Esta situación es perjudicial para los trabajadores, pero lo es mucho más para los animales, que no pueden quejarse del trato que reciben por parte de los empleados explotados y sometidos a una presión constante.

Esto es lo que afirma la Federación Nacional del Pavo sobre cómo afecta la inseminación artificial a las hembras:

> Para mantener la continuidad de la producción, las pavas ponedoras son inseminadas artificialmente en un entorno controlado. Durante un ciclo de puesta de veinticinco semanas, una hembra suele poner entre ochenta y cien huevos. Al final de este ciclo, la hembra se considera «agotada» y lo habitual es que sea procesada.

La primera afirmación, que sugiere que sin inseminación artificial habría interrupciones en la producción, es deliberadamente engañosa. Todo el mundo en la industria sabe que este proceso no se emplea para mantener la continuidad, sino para posibilitar la reproducción de aves cuya anatomía ha sido tan deformada por la cría selectiva que no pueden aparearse de forma natural. Sencillamente, sin inseminación artificial, la producción de la raza preferida por productores y consumidores cesaría. La segunda frase nos informa de que, durante casi seis meses, las hembras son violadas repetidamente y forzadas a poner una cantidad enorme de huevos. La frase final revela que, tras pasar por todo ese sufrimiento, las productoras consideran que las aves están «agotadas» o «gastadas» (*spent*, en inglés). En realidad, esas aves podrían vivir todavía varios años más, pero están agotadas en el sentido de que sus cuerpos han sido exprimidos al límite, forzados a poner tantos huevos en tan poco tiempo que la tasa de fertilidad comienza a disminuir, lo que significa que esos animales ya no tienen ningún valor comercial. Nada muestra con mayor claridad la insensibilidad de los productores de pavos que ese término despiadado: «agotada». Por eso, entonces, se «procesan»; es decir, se cargan en camiones, se llevan al matadero y se las sacrifica. Por supuesto, a los productores industriales de pavos la idea de liberar a las aves en un entorno natural para que se recuperen de semejante calvario ni siquiera se les pasa por la cabeza. No sería rentable.

Ahora que sabes cómo se conciben la mayoría de los pavos en Estados Unidos, cuentas con un excelente recurso para romper esos silencios incómodos que a veces surgen en la mesa durante el día de Acción de Gracias. Basta con preguntar a tus familiares y amigos reunidos si saben cómo fue concebido el pavo que están comiendo.

Si no lo saben, explícaselo. Luego invítalos a reflexionar sobre si, para que todos puedan disfrutar de una generosa porción de pechuga, merece la pena criar un ave deformada que no puede reproducirse por sí sola, lo que obliga a trabajadores mal pagados a pasarse el día masturbando a pavos machos y forzando las vaginas de las hembras, que odian el procedimiento, pero que solo pueden escapar de allí cuando son enviadas al matadero.

# 4. Cómo viven

Los huevos fecundados se envían a plantas de incubación, donde las crías de pavos salen del cascarón. Luego, se prepara a las aves para una vida en confinamiento intensivo, el destino de 998 de cada 1.000 pavos criados en Estados Unidos. Según el Censo Agrícola de 2022, elaborado por el Departamento de Agricultura de Estados Unidos (USDA), de los más de 257 millones de pavos producidos ese año, aproximadamente 230 millones fueron criados en instalaciones que albergaban 60.000 aves o más. Solo 317.356 –algo más de 1 por cada 1.000– crecieron en instalaciones con menos de 2.000 pavos, una cifra que, según los estándares de una granja familiar tradicional, sigue siendo enorme. En 1910, las granjas que criaban pavos tenían un promedio de apenas cuatro aves.

El USDA suele usar el término «granja» (*farm*) para referirse a centros donde se confinan decenas de miles, cientos de miles o incluso millones de animales. El nombre oficial en inglés de estas instalaciones es *Concentrated Animal Feeding Operations* (CAFO), «operaciones concentradas de alimentación animal». Pero una CAFO no se parece en nada a las granjas tradicionales, donde los animales vivían y se alimentaban al aire libre. Las CAFO son auténticas fábricas –por lo general, propiedad de grandes corporaciones agroindustriales, o gestionadas por ellas mediante contratos– en las que miles de millones de seres sintientes (no solo pavos, también vacas, cerdos, pollos, patos o peces) cumplen la función de máquinas vivas: transforman materias primas baratas –como maíz y harina de soja, o, en el caso de los peces, piensos fabricados a partir de otras especies de bajo valor comercial– en carne, huevos, leche o pescado, productos con un precio de venta mucho más elevado.

Con frecuencia, el alimento que consumen estos animales debe transportarse desde largas distancias y una gran parte de su valor nutritivo se destina a mantenerlos con vida: a preservar su temperatura corporal y su ritmo cardiaco, y a permitir que puedan moverse y desarrollar partes de su cuerpo que no consumimos, como huesos o ciertos órganos internos. El grado de ineficiencia varía según la especie, pero en todos los casos obtenemos de ellos menos de un tercio del valor nutricional que les damos en forma de pienso, ya sea en calorías o en proteínas. No es de extrañar que Frances Moore Lappé, en su libro *Diet for a Small Planet* [Dieta para un planeta pequeño] (1971), calificara estas instalaciones como «fábricas de proteínas a la inversa». Sin embargo, en los últimos cincuenta años, las CAFO se han multiplicado, lo que ha incrementado la demanda de soja y de cereales, al tiempo que ha aumentado la presión sobre los bosques –incluidos los de la Amazonía y otros ecosistemas–, que están siendo arrasados para cultivar alimento destinado a animales. Este no es el camino adecuado para reducir las emisiones de gases de efecto invernadero, ni para proteger la biodiversidad, ni para alimentar a una población mundial en crecimiento.

## Mutilaciones

Entonces ¿cómo se prepara en las plantas de incubación a los jóvenes pavos para la vida en una granja industrial? Al hablar de sus capacidades cognitivas, vimos que, si se les da la oportunidad, los pavos forman grupos sociales de unas veinte aves, de las cuales cada individuo conoce su lugar en la jerarquía. Sin embargo, los pavos destinados hoy a la producción comercial suelen convivir con más de diez mil individuos. Esta aglomeración da lugar a peleas y picotazos continuos, de modo que los pavos dominantes suelen causar heridas graves a los más débiles. Además del número excesivo de aves, otro factor que incrementa la agresividad es la falta de oportunidades para buscar alimento, lo que genera aburrimiento y frustración. Según un observador, los pavos salvajes jóvenes dedican entre el 86 y el 95 por ciento de la jornada a buscar comida, mientras que los pavos jóvenes que viven en confinamiento intensivo no tienen ninguna posibilidad de hacerlo.

Cuando un pavo pierde plumas –a menudo como resultado de los picotazos o porque otras aves se las arrancan–, su piel expuesta y las heridas visibles se convierten en blanco y acicate de nuevos picotazos. Así, otros pavos se unen con frecuencia a los ataques, en ocasiones hasta matar y devorar al animal más débil. Los brotes de canibalismo pueden representar pérdidas económicas considerables para los productores, quienes, para eliminar el origen de esos comportamientos, deberían dar a los pavos la oportunidad de buscar alimento (su conducta natural) y permitirles vivir en grupos de un tamaño que puedan gestionar, lo que reduciría su estrés y, con ello, la agresividad. Otra opción sería seleccionar genéticamente linajes de aves menos agresivas. Sin embargo, ofrecer a los pavos mejores condiciones o utilizar razas menos propensas a la agresión (aunque más lentas a la hora de ganar peso) aumentaría los costes. Esa es la razón por la que a los productores les resulta más rentable sufrir algunas pérdidas por canibalismo que proporcionar a los pavos condiciones de vida que erradicarían esas conductas.

De ahí también que la estrategia habitual no sea intentar reducir el estrés o la agresividad de las aves, sino limitar el daño que pueden causarse entre sí. Ello implica cortarles la punta del pico y amputarles parcialmente las garras, eliminando los extremos afilados.

La remoción de la punta del pico de un pavo o pollo solía conocerse en la industria avícola como «despique» (*debeaking* en inglés), pero, en aras de mejorar la imagen pública de la industria, ahora se le llama «recorte de pico» (*beak trimming*). Si el término te hace creer que se trata de un procedimiento simple e indoloro, como cortarse las uñas, la industria ha conseguido engañarte de nuevo. Esto es lo que afirman los Servicios de Extensión del USDA:

> El pico de la mayoría de las especies de aves de corral es un órgano muy especializado. Contiene muchos receptores sensoriales y glándulas que ayudan al animal a realizar actividades como buscar alimento y acicalarse las plumas. El tejido entre el hueso y la capa externa córnea contiene muchos nervios.

El «recorte de pico» se realiza a menudo sujetando a las aves jóvenes mientras están completamente conscientes y metiendo su pico por la fuerza dentro de un dispositivo que usa una cuchilla caliente para seccionar el pico y el tejido nervioso, y luego cauterizarlos. Como sucede con los trabajadores encargados de la inseminación artificial, quienes realizan esta operación están bajo una gran presión para ejecutarla lo más rápido posible. En la actualidad, también se usa luz infrarroja para dañar el pico, de modo que la punta termine por desprenderse al cabo de una o dos semanas. Ambos métodos provocan a las aves un dolor agudo para el que no se les proporciona ningún alivio. También pierden la función sensorial en el pico. A veces, los nervios seccionados desarrollan neuromas –tumores del tejido nervioso– que pueden causar dolor al animal durante el resto de su vida.

A los pavos jóvenes se les practican amputaciones parciales de las garras, con la intención de reducir el número de «canales» (cuerpos procesados listos para el consumo) dañados por arañazos. Como sucede con el despique, se trata de un procedimiento muy doloroso que se realiza sin anestesia ni analgésico alguno. En un ensayo controlado y aleatorizado llevado a cabo por investigadores avícolas canadienses durante los cinco días posteriores al recorte, los pavos a los que se les amputaron las garras pasaron más tiempo sentados y recuperándose, y menos tiempo caminando y alimentándose, que aquellos que mantenían sus extremidades intactas. Los investigadores concluyeron que la reducción del tiempo dedicado a la alimentación –en aves seleccionadas genéticamente para tener un apetito inmenso– era «un fuerte indicador de dolor». Incluso 133 días después del procedimiento –apenas una semana antes de que los pavos fueran sacrificados–, los investigadores seguían recabando datos sobre la conducta de las aves que indicaban una considerable reducción del bienestar en los pavos que habían sido sometidos a la amputación parcial. También se han documentado neuromas tras la amputación de garras en pollos, lesiones que persistieron durante los sesenta días del periodo de observación. En otro estudio realizado por el mismo equipo de investigación se descubrió que las amputaciones no mejoraban la calidad de la canal y tenían efectos negativos sobre el peso corporal de los animales, lo cual lleva a preguntarse por qué se han estado realizando durante todos estos años.

Los pavos también pueden ser mutilados de otras maneras: en ocasiones se les extirpa la carúncula o moco porque su carne rojiza y brillante puede atraer los picoteos de otras aves. A veces se les amputa también la garra larga o espolón de la parte posterior la pata; o se les recortan las plumas de las alas para evitar que vuelen y reducir así la agitación del grupo. No he podido encontrar investigaciones sobre cuán dolorosas son estas intervenciones y qué impacto tienen en el bienestar de las aves sometidas a ellas.

## Confinamiento

Después de ser mutiladas en el criadero, las aves jóvenes son segregadas por sexo para ser criadas por separado. La división se debe a que machos y hembras crecen hasta alcanzar diferentes tamaños y son sacrificados a edades distintas. Resulta mucho más sencillo enviar un lote completo al matadero que intentar separar machos y hembras entre las miles de aves que se agolpan en una misma nave.

A continuación, ambos grupos son enviados a la instalación de confinamiento intensivo, donde pasarán el resto de sus vidas hasta ser transportados al matadero, por lo general a las once semanas en el caso de las hembras, y entre dieciséis y dieciocho semanas en el de los machos.

En 2023, una investigadora de la protectora de animales Mercy for Animals consiguió trabajo en dos instalaciones de confinamiento intensivo en Minnesota, donde grabó vídeos y llevó un diario de sus actividades. El día que se recibió un nuevo lote de crías en la instalación, anotó en su diario: «Hoy llegaron alrededor de treinta y ocho mil crías, con no más de veinticuatro horas de vida y aspecto de estar completamente perdidas». Por supuesto, a estas aves recién nacidas les faltaba el cuidado materno que sí reciben, por ejemplo, tanto los pavos salvajes como los criados en granjas tradicionales, y que permite a las crías refugiarse bajo las alas maternas al nacer e ir explorando poco a poco el entorno, siempre bajo la atenta mirada de la madre, quien se asegura de que los hermanos permanezcan juntos. En el confinamiento intensivo, las crías de pavo recién nacidas se colocan inicialmente en una zona de crianza artificial donde unos focos las mantienen calientes y les facilitan algo más el acceso a comida y agua, si bien estos cuidados son, en todo caso, un pobre sustituto del afecto y la protección maternos. El vídeo grabado por la investigadora muestra a los animales hacinados en un número tan elevado que resulta imposible, para ella o para cualquier otra persona, brindarles una atención individualizada.

Un vídeo grabado tres semanas más tarde muestra a los pavos en una nave enorme sin ventanas, con luz y ventilación artificiales. En él se pueden apreciar los picos recortados, con las puntas cauterizadas, y las garras amputadas. Durante la cuarta semana, la investigadora comenta sobre una de las aves jóvenes que aparece en la grabación:

> Hoy vi a una de las más «benjaminas». Abría y cerraba la boca en silencio, como si intentara respirar con dificultad, y sacudía la cabeza una y otra vez. Caminaba hacia las otras aves e intentaba enterrar la cabeza entre sus plumas. Se me rompió el corazón al verla.

Algunas de las escenas más impactantes de las grabadas corresponden a la quinta semana, cuando se activa un dispositivo conocido como «entrenador avícola». Este aparato transmite una corriente eléctrica activa de ciento veinte voltios a través de cables colocados sobre las líneas de comida y de agua, con el fin de evitar que las aves se posen sobre ellas. La investigadora escucha los graznidos de las aves cuando reciben las descargas eléctricas. Algunas se enredan en los cables con las patas o la cabeza y mueren electrocutadas. La investigadora logra liberar a algunas a tiempo, pero son demasiadas como para poder ayudarlas a todas.

La densidad estándar de almacenamiento en Estados Unidos es de dos pies cuadrados (0,20 metros cuadrados) por hembra y tres pies cuadrados (0,30 metros cuadrados) por macho. *A priori*, parece suficiente espacio, pero, como se aprecia en el vídeo, en cuanto intentan realizar acciones normales en ellas, como darse baños de tierra, volar o incluso beber agua, las aves terminan chocando entre sí. Además, a medida que crecen, van ocupando todo el espacio disponible, de modo que todo el piso de la nave termina cubierto de pavos, que no se pueden mover sin tropezar o pisarse entre sí. Las naves suelen estar completamente vacías de mobiliario, a excepción de las tuberías y las conducciones que suministran agua y alimento.

Aunque los pavos salvajes revolotean y suben a los árboles para dormir cada noche, en las naves de crianza no hay perchas ni zonas elevadas, salvo las líneas de comida y agua, sobre las que, como hemos visto, se les impide subirse.

Al entrar en una de estas naves, lo primero que se percibe es una sensación de escozor en los ojos y en la garganta. Se debe al amoníaco que impregna el aire. Este gas proviene de los excrementos de los miles de aves, acumulados durante periodos ininterrumpidos de hasta un año en el serrín, o las virutas de madera que cubren el suelo. Aunque cada lote de pavos se envía al matadero al cabo de tres o cuatro meses, en Estados Unidos las naves suelen limpiarse solo una vez al año, salvo en caso de brotes de enfermedades.

El amoníaco hace que visitar la nave sea muy desagradable, por lo que los trabajadores pasan en ella el menor tiempo posible. Al menos, ellos pueden volver a respirar aire fresco cuando terminan su jornada. Los pavos no volverán a hacerlo hasta el día en que los saquen para ser sacrificados.

Como hemos visto, la crianza selectiva está orientada a que los animales ganen peso rápidamente. Actualmente, en el momento del sacrificio, un pavo medio pesa casi el doble que en 1960. El contraste con la velocidad de crecimiento de los pavos salvajes es todavía más notable: a los cuatro meses de edad, un pavo salvaje macho no suele pesar más de 3,5 kilos, mientras que un pavo macho criado para carne pesa unos 18,5 kilos. Esto somete a los inmaduros huesos de sus patas a una enorme tensión. El profesor John Webster, veterinario y experto en bienestar animal, ha estudiado un problema similar en pollos de crecimiento acelerado y ha concluido que sufren dolor durante el último tercio de sus vidas. La situación sería comparable a la de obligar a alguien que padece artrosis en las piernas a estar de pie todo el día. Los pavos sufren aún más problemas en las patas que los pollos porque, además de haber sido seleccionados para crecer rápidamente, la inmensa mayoría pertenece a la raza blanca de doble pechuga, aves que han sido tipificadas como «fisiológicamente desequilibradas» y que caminan y se mantienen erguidas peor que otras razas más antiguas, casi con seguridad debido al dolor que les provoca soportar todo su peso sobre las patas. Un estudio realizado en trece mataderos distintos reveló que el 60 por ciento de los pavos tenía inflamación en la almohadilla plantar, un 41 por ciento sufría dermatitis plantar grave y un 25 por ciento padecía artritis. Es muy probable que todas estas aves experimentaran dolor al caminar o al mantenerse erguidas. Una vez más, estos problemas podrían evitarse mediante una selección genética adecuada de los pavos destinados a la cría –en este caso, seleccionando linajes de crecimiento más lento, para que las patas tengan tiempo de madurar lo suficiente como para soportar el peso de los cuerpos–. La actitud de la industria del pavo frente a esta clase de propuestas queda ejemplificada en declaraciones como las de Scott Beyer, especialista en aves de corral de la Universidad Estatal de Kansas, quien ha escrito que, «aunque un pequeño porcentaje de aves pueda mostrar predisposición a sufrir problemas en las patas, se recomienda el uso de linajes genéticos de rápido crecimiento cuidadosamente seleccionados, ya que el ahorro en costes de alimentación y tiempo compensa con creces la pérdida de unas pocas aves». De modo que la economía prevalece siempre sobre el sufrimiento de los pavos. Cuando Beyer habla de «la pérdida de unas pocas aves», se refiere a aquellas cuyo estado es tan grave que mueren antes de cumplir los tres o cuatro meses de vida, cuando son enviadas al matadero. Conviene recordar que estamos hablando de aves de una especie que, si no se criara con el único propósito de obtener la máxima cantidad de carne de pechuga, podría vivir hasta diez años.

Además, esas muertes no son tan «pocas» como se afirma, salvo si se las compara con el total de los doscientos diez millones de pavos criados y sacrificados anualmente en Estados Unidos. Según el *Manual de la industria avícola de Estados Unidos*, «las hembras de pavo suelen presentar una mortalidad total del 5 o 6 por ciento, mientras que en los machos es del 10 o 12 por ciento». Por su parte, el USDA indica que el 57 por ciento de los pavos sacrificados son machos, y el 43 por ciento, hembras. Si hacemos los cálculos tomando como referencia el extremo bajo del rango de mortalidad, en 2022, los productores comenzaron con 133 millones de machos y enviaron 119,7 millones al matadero; mientras que, en el caso de las hembras, nacieron 95,1 millones y llegaron al matadero 90,3 millones. Sumando ambos sexos, vemos que, cuando Beyer minimiza la cuestión aludiendo a «la pérdida de unas pocas aves», lo que en realidad está diciendo es que el ahorro en costes y tiempo justifica la muerte dolorosa de 18 millones de pavos jóvenes.

Además de los problemas en patas y garras que sufren muchas aves, el estudio realizado en trece mataderos reveló que el 30 por ciento tenía ampollas u otras llagas en la piel de la zona que rodea el esternón. Estas heridas, conocidas como «botones de pechuga» (*breast buttons*), son frecuentes en los pavos que pasan la mayor parte del tiempo apoyados sobre el esternón. Una de las posibles causas de estas lesiones son los excrementos presentes en el lecho de serrín o de virutas de madera que suelen cubrir el suelo de las naves. Los excrementos son alcalinos y, cuando el lecho o la piel del animal están húmedos, pueden provocar una quemadura cáustica en la parte del cuerpo que entra en contacto con ellos. De modo que estos pavos, físicamente deformados, no tienen forma de escapar al dolor: si se tumban sobre el pecho para evitar el sufrimiento que les produce tener que cargar un cuerpo tan pesado y desequilibrado sobre sus patas artrósicas e hinchadas, acaban desarrollando dolorosas heridas en el esternón.

El vídeo encubierto de Mercy for Animals muestra pavos en su decimoquinta semana de crianza, algunos de los cuales exhiben señales claras de haber sufrido agresiones por parte de otros pavos. Presentan heridas extensas y sangrantes en el cuello, cráneos agrietados y hemorragias en los ojos. La investigadora informó de estos problemas al encargado, quien no tomó ninguna medida al respecto. Hay demasiados pavos como para que alguien preste atención al sufrimiento individual.

## Los progenitores

Esa es la vida de las aves cuyos cuerpos se sirven en la mesa en Acción de Gracias. Ahora, consideremos también la vida de los progenitores de esos pavos. Ya hemos visto que los machos son masturbados para obtener semen y que las hembras son inseminadas a la fuerza, pero ese no es el único problema al que se enfrentan. Los progenitores –conocidos en la industria como «reproductores»– deben portar los genes que garantizan los rasgos que los productores desean en sus crías: un apetito desmesurado y una tendencia a crecer muy rápidamente. Sin embargo, los animales destinados a la reproducción necesitan vivir más tiempo que los que se crían para carne, ya que deben alcanzar la madurez sexual para producir huevos o semen. Por supuesto, y como no podía ser de otra manera, una vez alcanzada esa madurez, los productores quieren que sigan cumpliendo su función durante un tiempo, unos seis meses. Pero aquí está el problema: si a los reproductores se les permite comer todo cuanto desean a lo largo de su vida –más larga que la de sus crías–, terminarán siendo aún más obesos, desarrollarán anomalías esqueléticas más graves y, en última instancia, esto producirá un perjuicio económico a los productores al morir estas aves de enfermedades cardiacas o de fallos orgánicos antes de haber producido suficiente semen u óvulos como para compensar el coste de su crianza. Los productores resuelven este problema restringiendo la alimentación de las aves reproductoras a la mitad de lo que consumirían si pudieran comer libremente. Esta práctica también se aplica a las aves reproductoras en la industria del pollo, donde los estudios de comportamiento realizados han demostrado que las aves sometidas a raciones restringidas sufren hambre crónica y buscan comida en vano de forma incesante. Es poco probable que la situación de los pavos reproductores sea muy diferente.

# 5. Cómo mueren

Cuando los pavos de una nave alcanzan el peso de mercado, se les interrumpe de manera abrupta el suministro de comida con el fin de reducir lo que la industria llama «salpicaduras gastrointestinales», es decir, para evitar que el contenido de los intestinos del ave se derrame y contamine el resto del canal tras el sacrificio. A estos animales, acostumbrados a tener comida siempre disponible y criados para alimentarse de manera casi constante, la retirada repentina del alimento debe de causarles inevitablemente una gran angustia. Pero lo peor está por llegar. Un vídeo encubierto grabado en 2012 por Mercy for Animals en unas instalaciones de Butterball, en Carolina del Norte, muestra a trabajadores sacando pavos de una nave mientras patean repetidamente a los que no se mueven con suficiente rapidez o los arrojan con violencia dentro de las jaulas dispuestas en la parte trasera de un camión. A veces, las aves son conducidas hacia una cinta transportadora que las deja caer dentro de las jaulas, un procedimiento que, si bien puede evitar algunas fracturas óseas, representa una experiencia aterradora para unos animales que hasta el momento solo han conocido el interior de la nave. Según a cuánta distancia se encuentre el matadero, el transporte y el sacrificio pueden extenderse hasta las dieciocho horas, durante las cuales los pavos están expuestos a temperaturas extremas –calor o frío– y no tienen acceso a comida ni agua. Legalmente, el trayecto podría ser aún más largo, ya que, en Estados Unidos, la legislación federal que regula la frecuencia con que se debe proporcionar alimento y agua a los animales durante viajes prolongados no incluye a pavos, pollos ni patos. La única limitación del trayecto es, en este caso, el incremento que se produce en la mortandad de la carga cuanto más se alarga. Aun así, cada año cientos de miles de pavos mueren antes de llegar al matadero por el estrés que les causa el propio transporte.

Con todo, puede que esos sean los más afortunados. A los que sobreviven al transporte, el siguiente suplicio que les aguarda consiste en ser extraídos de las jaulas y volteados boca abajo para introducirlos a la fuerza en unos grilletes metálicos que les aprisionan las patas, a veces con tal violencia que estas se quiebran. Con los pavos colgando de ellos, los grilletes se desplazan a continuación por una cinta transportadora. En teoría, durante su recorrido, la cinta sumerge la cabeza de las aves en un baño de agua electrificada, cuya función es aturdirlas antes de ser degolladas. Sin embargo, algunas aves alzan la cabeza al pasar por el baño, de modo que están completamente conscientes cuando les cortan el cuello. Puede darse el caso también de que la corriente del agua electrificada sea demasiado baja (por miedo de los productores a dañar la calidad de la carne) y que el contacto con ella no induzca la inconsciencia. Un estudio realizado en ocho mataderos comerciales de Francia y España detectó signos evidentes de consciencia en un número significativo de pavos en el momento del degüello, a pesar de que se utilizaban sistemas de aturdimiento mediante baño de agua electrificada. La legislación europea exige el aturdimiento previo y humanitario de todas las aves y mamíferos antes del sacrificio. En Estados Unidos, sin embargo, la Ley de Métodos Humanitarios de Sacrificio solo menciona vacas, cerdos, caballos, mulas y ovejas, pero no incluye a los pollos, los pavos y el resto de las aves. Por lo tanto, en Estados Unidos no existe ninguna obligación legal de aturdir a los pavos antes de cortarles el cuello y dejar que se desangren, por lo que es improbable que los mataderos estadounidenses sean más rigurosos que los europeos en lo que respecta al aturdimiento previo de las aves sacrificadas.

Luego está el factor humano. Las personas encargadas de descargar a los pavos de las jaulas de transporte y colocar sus patas en los grilletes trabajan durante toda la jornada bajo una gran presión para seguir el ritmo de la cadena de sacrificio. Lo hacen en unas condiciones físicamente desagradables y psicológica y emocionalmente muy duras, por salarios ínfimos y en un puesto marcado por un estatus social extremadamente bajo. La mayoría no suele aguantar mucho tiempo en el cargo. En algunas plantas, la rotación anual de personal supera el 100 por ciento, lo que significa que el trabajador medio no llega ni a cumplir un año en el puesto. No es de extrañar que, en ocasiones, estos trabajadores descarguen su rabia y su frustración sobre los únicos seres que están por debajo de ellos en la jerarquía del matadero: los pavos. Por eso, las investigaciones encubiertas en mataderos revelan una y otra vez los impactantes abusos que se cometen contra los animales.

Las organizaciones People for the Ethical Treatment of Animals (PETA) y Mercy for Animals han enviado investigadores encubiertos a mataderos que sacrifican pavos para la empresa Butterball, que comercializa sus productos como «de la más alta calidad» y presume de que han sido certificados como «humanitarios» por la American Humane Association. (Si esto es cierto, dice poco en favor de dicha organización, que no debe confundirse con la Humane Society of the United States ni con la Humane League). En una planta que sacrifica unos cincuenta mil pavos cada día después de haberles colocado grilletes, el investigador de PETA presenció cómo un trabajador trataba de sacar de la jaula a un pavo cuya pata había quedado atrapada en el alambre. Sin pensárselo dos veces, el trabajador arrancó de un tirón la pata del infortunado animal. Cuando los operarios agarran a las aves, estas aletean aterradas y tratan de escapar desesperadamente. El investigador grabó a un trabajador diciéndole a otro: «Cuando empiezan a hacer eso, cuando se resisten, golpéalas contra el grillete o contra el remolque». El investigador filmó cómo lo hacía, y grabó también a otro empleado dando un puñetazo a un pavo. En el vídeo se escucha asimismo a otro operario alardeando de su brutalidad: «Lo he molido a patadas al muy hijo de puta». A veces, algunas aves lograban escapar y corrían a esconderse bajo las ruedas del camión. Sin embargo, los trabajadores tenían órdenes de no meterse debajo de los camiones, de modo que, cuando el vehículo se puso en marcha, el investigador escuchó varios chasquidos. El camión dejó tras de sí un reguero de aves aplastadas. Una vez más, queda claro que los animales individuales no importan. Tomarse el tiempo para salvarlos simplemente no compensa.

## «Despoblación»

Los métodos utilizados para sacrificar pavos en los mataderos de Estados Unidos suelen ser extremadamente inhumanos, pero existe otra forma de infligir la muerte, aplicada a millones de pavos, que es aún peor. Este método se utiliza en cuanto se detecta gripe aviar

–oficialmente denominada influenza aviar de alta patogenicidad (IAAP)– en alguna de las aves criadas en una instalación. Aunque solo unas pocas aves den positivo, para evitar la propagación del virus, se elimina a todos los pavos de la explotación.

El método, peor aún que el empleado en los mataderos estadounidenses, es conocido en la industria como «cierre de ventilación plus» (en inglés, *Ventilation Shutdown Plus* o, por sus siglas, VSD+). Se usa para matar a miles –e incluso cientos de miles– de pollos, patos, pavos o cerdos simultáneamente. En esencia, consiste en tomar una nave llena de animales –o, a veces, la sección en la que estén concentrados– y sellarla tan herméticamente como sea posible, bloqueando los ventiladores de extracción que permiten la entrada o salida de aire. A continuación, se introducen calefactores en la nave. Por último, se apaga el sistema de ventilación y se encienden los calefactores.

La organización Our Honor, integrada por veterinarios que se oponen a este método de matanza, ha obtenido, mediante solicitudes oficiales en distintos estados, informes sobre estas ejecuciones masivas. Estos documentos incluyen las directrices para llevar a cabo la «despoblación» mediante VSD+, las cuales exigen que la temperatura dentro de la nave alcance entre 40 ° y 43 °C en un plazo de treinta minutos y no baje de esa temperatura durante al menos tres horas.

Cada uno de los informes obtenidos por Our Honor describe una «despoblación» concreta de aves, que, en la mayoría de los casos, afecta a una nave entera, aunque la cifra exacta de animales sacrificados aparece tachada. En los informes referentes a explotaciones de pavos se registra el tiempo que tarda en morir el 50 por ciento y el 100 por ciento de los animales. He aquí un ejemplo representativo: el 9 de octubre de 2023, en el condado de Meeker, en Minnesota, se llevó a cabo la «despoblación» de una nave de pavos. El formulario del informe fue cumplimentado por un veterinario cuyo nombre figura al pie del documento, pero dado que la cuestión excede la responsabilidad de cualquier individuo concreto, no revelaré aquí su identidad. En lugar de ello, sí mencionaré que los pavos estaban siendo criados para la empresa Jennie-O Turkey Store, proveedora de los pavos que el presidente Biden «indultó» absurdamente el mes siguiente. En el apartado «Actividades de preparación y montaje», el veterinario anotó: «Se vaciaron los comederos y se levantaron [es decir, se retiraron] las líneas de agua y comida de la nave. Dos lotes de aves en la nave. Ambos lotes agrupados en el extremo este de la instalación. Todos los agujeros y huecos de la lona sellados con plástico. Se empleó plástico para sellar también el separador central de la nave». El «Método primario de despoblación» se describe como «Cierre de ventilación + calor», y comenzó a las 9.28. La «hora aproximada de mortalidad al 50 por ciento» fue a las 11.00, y la «hora de mortalidad al 100 por ciento o finalización del método primario» fue a las 12.45. Más abajo, en una sección titulada «Método secundario de despoblación: pistola de perno cautivo», se añade una nota que dice: «Pavos que no pudieron ser trasladados al extremo este. La mayoría con lesiones en las patas». En esta sección, la «hora de finalización (100 por ciento de mortalidad)» figura como las 9.00. En otras palabras, los pavos con las patas lesionadas que no pudieron ser trasladados al extremo este de la nave fueron sacrificados primero. Cabe esperar que sufrieran una muerte bastante más rápida, ya que fueron abatidos con una pistola de perno cautivo, un arma que dispara un perno que atraviesa el cráneo del animal. (El perno permanece unido al arma, de ahí el término «perno cautivo»). Este método no se utilizó sin embargo con el resto de los pavos, cabe suponer que porque había miles de ellos y habría resultado mucho más caro y lento contratar a los operarios necesarios para sacrificarlos uno a uno.

La industria denomina a este procedimiento, de forma eufemística, «despoblación», y, cuando se informa de ello, los medios estadounidenses suelen emplear el término inglés *euthanized* para describir la muerte de las aves, como si se les practicara una «eutanasia», aunque perecer por exposición prolongada al calor diste mucho de la «buena muerte» a la que hace alusión el vocablo griego del que deriva la palabra «eutanasia». Sin acceso a agua, los pavos luchan con desesperación por escapar, antes de morir de un golpe de calor. Por si fuera poco, en un 51 por ciento de las naves de pavos donde se utilizó el método VSD+, ni siquiera se logró matar a todos los animales. Algunos pavos sobrevivieron a la exposición térmica y tuvieron que ser sacrificados posteriormente. Los informes del USDA indican que, en los casos en que fue necesario utilizar un método secundario

–como la pistola de perno cautivo– para matar a los pavos que sobrevivieron al golpe de calor, se permitió que los animales siguieran sufriendo hasta el día siguiente, cuando alguien finalmente se encargó de «aliviarlos» de su padecimiento.

Los registros del Departamento de Agricultura de Estados Unidos obtenidos por el Animal Welfare Institute (Instituto del Bienestar Animal), a través de la Ley de Libertad de Información, permiten calcular que entre febrero de 2022 y diciembre de 2023 murieron –o se procedió a la «despoblación» de– al menos 13,4 millones de pavos durante la pandemia de Influenza Aviar de Alta Patogenicidad que azotó Estados Unidos. Unos 2,1 millones de pavos fueron sacrificados en instalaciones en las que se utilizó exclusivamente el método VSD+, y aproximadamente unos 4,7 millones más en instalaciones donde se combinó el VSD+ con otros métodos. La cantidad de pollos sacrificados mediante VSD+ es mucho mayor, y este método también se ha aplicado con al menos 243.016 cerdos.

Existen métodos menos crueles para dar muerte a grandes cantidades de animales en sistemas intensivos de confinamiento. Estudios publicados ya en 2010 demostraron que llenar las naves con una espuma que contiene gas nitrógeno provoca una rápida pérdida de consciencia y el cese de movimiento en unos sesenta segundos. No es un método ideal, pero resulta mucho más humanitario que infligir un calor extremo que prolonga la agonía durante tres horas. En la Unión Europea y el Reino Unido, el nitrógeno se utiliza cuando es necesario matar animales de forma rápida y masiva. Cuando se introduce nitrógeno en una nave en forma de espuma de alta expansión –compuesta por burbujas llenas de nitrógeno–, el movimiento de los cuerpos cesa rápidamente y los animales mueren sin padecer, en apariencia, un sufrimiento prolongado. La Asociación Americana de Veterinarios Especialistas en Porcino clasifica el uso de espuma con burbujas de nitrógeno como un método «preferente» de sacrificio masivo de cerdos. Cabe esperar que también resulte mucho menos cruel que el VSD+ en el caso de pollos, patos y pavos.

¿Por qué, entonces, no se utilizan métodos más humanitarios de forma generalizada en Estados Unidos? Al menos desde 2014 –cuando tuvo lugar el anterior gran brote de IAAP en el país–, podía contarse con que se producirían nuevos brotes. Esto se debe a que, durante aquel episodio, el virus se transmitió de los pollos y pavos hacinados en naves a las aves silvestres, que desde entonces actúan como reservorio del virus, a pesar de que se apliquen las medidas más drásticas para controlarlo en aves de cría industrial. (La transmisión de la IAAP desde las granjas industriales hasta las aves silvestres constituye, por supuesto, un desastre también para la biodiversidad). Las industrias del pollo y del pavo tuvieron tiempo de sobra para diseñar un plan y obtener los recursos necesarios para afrontar el siguiente brote de IAAP de manera que la solución estipulada causara mucho menos sufrimiento que el método VSD+. Una de las razones por las que no lo hicieron es, al parecer, que en Estados Unidos no existe ninguna exigencia legal ni presión social para buscar una solución que reduzca el sufrimiento animal. En cambio, en la Unión Europea y el Reino Unido, tanto la ciudadanía como las leyes y normativas son mucho menos tolerantes con la crueldad en el trato a los animales.

La Asociación Americana de Medicina Veterinaria (AVMA, por sus siglas en inglés) tiene una responsabilidad significativa en la utilización generalizada y continuada del método VSD+ en Estados Unidos. En la edición actual (2019) de sus *Directrices para la despoblación de animales*, la AVMA clasifica el VSD+ como un método «permitido en circunstancias limitadas». Lo más relevante es que la postura de la AVMA respecto al VSD+ contradice la de la Organización Mundial de Sanidad Animal (OMSA, anteriormente OIE), el principal organismo internacional en materia de salud y bienestar animal, así como la opinión experta de veterinarios y científicos de todo el mundo. El sacrificio de animales mediante VSD+ no está aceptado en Australia, la Unión Europea ni el Reino Unido. La Autoridad Europea de Seguridad Alimentaria (EFSA), un organismo oficial de la Unión Europea, ha publicado documentos sobre el bienestar de cerdos y aves de corral cuando son sacrificados con fines distintos al consumo. En el documento sobre cerdos, se enumeran los métodos de sacrificio que con toda probabilidad son «muy dolorosos» y que «nunca deben utilizarse». La lista incluye, junto con el enterramiento en vida y el ahogamiento, el «cierre de ventilación, con o sin el uso adicional de calor o $CO_2$». En el documento sobre aves de corral –que incluye a los pavos–, se afirma de forma explícita que «el cierre de ventilación no debe usarse como método de sacrificio». Se advierte además de que, incluso cuando se emplea gas para matar a las aves, «deben evitarse los periodos prolongados de cierre de ventilación previos a la aplicación del gas», ya que pueden «provocar estrés térmico».

La doctora Crystal Heath, veterinaria y fundadora de la organización Our Honor, ha declarado que la aceptación del VSD+ por parte de la AVMA constituye una violación de los principios éticos fundamentales que deberían regir la práctica veterinaria y que socava el honor de la profesión. El doctor Jim Reynolds, antiguo presidente del Comité de Bienestar Animal de la AVMA y profesor de Medicina y bienestar de animales de gran tamaño en la Facultad de Medicina Veterinaria de la Universidad Western, en Pomona (California), afirma que el uso del VSD+ «viola el juramento veterinario y debe ser prohibido». El profesor Barry Kipperman, que enseña Ética veterinaria en la Facultad de Medicina Veterinaria de la Universidad de California (Davis), y también en la Universidad de Missouri, describe la autorización del VSD+ por parte de la AVMA como «una traición» a todo lo que representa la profesión veterinaria, ya que antepone la conveniencia humana al bienestar animal. El doctor George Bates, profesor emérito de Tecnología médica veterinaria en Wilson College y miembro de la AVMA desde hace más de cincuenta años, considera que los veterinarios especializados en animales de granja –que constituyen una pequeña fracción del total de miembros de la AVMA– ejercen una influencia «desproporcionadamente enorme» sobre las políticas de la AVMA en materia de animales de producción. Según sus propias palabras, «adoptan la visión de sus patrones corporativos, abandonan los principios éticos, asumen una actitud puramente mercantil hacia sus supuestos pacientes y abrazan plenamente la lógica del beneficio económico de los grandes conglomerados agroindustriales».

Las recomendaciones de la AVMA son decisivas porque el Departamento de Agricultura de Estados Unidos (USDA) redacta sus normas para el sacrificio de animales de granja siguiendo directamente las *Directrices* de la AVMA. En el caso de los animales sacrificados para evitar la propagación de enfermedades como la IAAP, el cumplimiento de dichas normas es condición necesaria para que los productores industriales de animales reciban compensaciones económicas del USDA por el valor de los animales que han sacrificado.

Ahora que he descrito el método VSD+ y he mencionado las compensaciones económicas, ha llegado el momento de cumplir con la promesa que hice en el capítulo 1: explicar cómo Jennie-O Turkey Store, la empresa proveedora de los pavos indultados por el presidente Biden antes del día de Acción de Gracias de 2023, el mayor productor de pavos del país y filial de la aún más gigantesca Hormel Foods Corporation, recibió casi 106 millones de dólares por matar animales mediante calor. Para ser precisos, los registros oficiales del USDA muestran que, entre febrero de 2022 y abril de 2024, Jennie-O recibió pagos del Gobierno federal por un valor total de 105.855.157 dólares como compensación por los pavos que «despobló», muchos de ellos mediante el método VSD+. Muchos otros productores de pavos recibieron también cantidades de dinero similares. Tyson Foods, uno de los mayores productores de carne del mundo, obtuvo 29.709.942 dólares. Butterball, el segundo mayor productor de pavos del país, recibió la modesta cifra de 6.311.715 dólares.

En la práctica, el Gobierno federal proporciona un seguro gratuito a las corporaciones agroindustriales estadounidenses que las protege del riesgo financiero que implica producir pollos y pavos de manera intensiva en una época de IAAP. Si pagas impuestos en Estados Unidos, ese dinero sale de tu contribución fiscal y supone otra subvención a empresas que explotan a sus trabajadores, despilfarran alimentos, dañan el medio ambiente y causan un inmenso sufrimiento a los animales.

# 6. Piénsatelo dos veces

En mis libros *Liberación animal* y *Animal Liberation Now* (Liberación animal ahora), sostuve que deberíamos otorgar la misma consideración al sufrimiento de un animal no humano que al de un ser humano cuando ambos experimentan un padecimiento similar. Por supuesto, la capacidad para sufrir varía de unos animales a otros, y esto es relevante para determinar cuánto está soportando un ser. Pero lo que importa es cuánto padece un individuo, no a qué especie pertenece.

Ese principio también debe aplicarse cuando comparamos el sufrimiento entre dos animales, uno de los cuales pertenece a una especie que muchos consideran animal de compañía y con la que han formado un vínculo afectivo, como un perro o un periquito, y el otro a una especie que pocos aman y muchos comen, como un cerdo o un pavo. Recordemos a Cornelius, el pavo «apuesto, sociable e inteligente» que tuvo la suerte de ser acogido por Steve y Derek, quienes no dividen a los animales en dos categorías distintas: los que se acarician y los que se comen. A Steve y a Derek no les costó ver a Cornelius el pavo y a Esther la cerda como individuos con deseos y necesidades, del mismo modo que quienes viven con perros y gatos reconocen en ellos a sus compañeros animales. Y lo que es cierto en el caso de Cornelius y Esther, lo es también en el de los cerdos y pavos en general: todos ellos son individuos, con sus propias personalidades y su propia capacidad para experimentar dolor y placer. Criarlos en unas condiciones determinadas que obedecen únicamente a la lógica de la reducción de costes, de modo que sus experiencias individuales no cuentan en absoluto, es algo indefendible.

Conceder menos importancia al sufrimiento de seres sintientes en virtud de la especie a la que pertenecen es lo que se conoce como «especismo», un término acuñado por el defensor de los animales británico Richard Ryder. En los casi cincuenta años que han transcurrido desde que argumenté contra el especismo en *Liberación animal*, las publicaciones sobre la ética de nuestro trato hacia los animales se han multiplicado. Algunos de esos libros y artículos han intentado defender el especismo, pero no creo que ninguno lo haya conseguido. Al contrario: filósofos que trabajan desde distintas tradiciones éticas coinciden cada vez más en que el trato que actualmente dispensamos a los animales constituye una grave injusticia moral.

Yo sostengo la visión utilitarista según la cual la acción correcta es aquella que más contribuye a reducir el dolor y el sufrimiento, así como a aumentar el placer y la felicidad de todos los seres capaces de experimentar esas sensaciones; en otras palabras, de todos los seres sintientes. Los filósofos cuya postura se basa en la idea de que los individuos tienen derechos inherentes discrepan de los utilitaristas en algunos aspectos, pero muchos de ellos coinciden en que, como argumentó Tom Regan, los animales poseen derechos que en la actualidad son violados de manera sistemática para la producción de carne, huevos y productos lácteos. Christine Korsgaard, posiblemente la filósofa kantiana más destacada del mundo, considera a los animales «criaturas compañeras» (*fellow creatures*) y sostiene que Immanuel Kant se equivocó al afirmar que, por carecer de autoconciencia, pueden ser tratados como medios y no como fines en sí mismos, a diferencia de los seres humanos. También Martha Nussbaum, pese a que se inspira en el pensamiento de Aristóteles, rechaza la visión –como debería hacer cualquier pensador posterior a Darwin– del estagirita según la cual los animales existen para proporcionar a los humanos alimentos y cuero. Nussbaum sostiene que la justicia exige que los seres vivos florezcan conforme a sus capacidades, lo que convierte a la producción industrial de animales en un caso flagrante de injusticia. Estas críticas al trato que dispensamos los animales no se limitan al ámbito secular. Autores cristianos como Andrew Linzey, David Clough y Charles Camosy han llegado a conclusiones similares basadas en fundamentos religiosos. En un diálogo que mantuve con la destacada pensadora budista Shih Chao-Hwei, ambos coincidimos en lo importante que es animar a las personas a dejar de comer animales.

No obstante, para los fines que persigue este libro, no necesito llegar tan lejos como para afirmar que está mal conceder más peso al sufrimiento de un ser humano que al de un animal no humano que sufre en igual medida. En lugar de ello, te invito a imaginar lo siguiente: supón que te enteras de que, en el país donde vives y votas, cientos de millones de perros están siendo criados para el consumo y que esta enorme industria los trata –desde su concepción hasta el momento del sacrificio, o cuando se infectan con una supuesta «gripe canina altamente patógena»– exactamente del mismo modo en que la industria del pavo de Estados Unidos trata hoy a esas aves.

¿Qué pensarías de una industria así? ¿La apoyarías comprando sus productos? ¿O, por el contrario, apoyarías a las organizaciones que trabajan para abolirla y votarías a los políticos que prometieran hacerlo? ¿Participarías en una comida festiva en la que se cortara y se comiera el cuerpo procesado y asado de uno de esos perros?

Si, como espero y deseo, te horrorizaría una industria semejante, boicotearías sus productos, votarías a políticos que se comprometieran a abolirla y jamás te sentarías a una mesa donde se sirviera la carne de uno de esos perros, entonces no deberías actuar de forma distinta ante la actual industria del pavo en Estados Unidos. Los pavos y los perros no son iguales, pero ambos son capaces de vivir una vida placentera y relativamente libre de sufrimiento durante varios años. Las diferencias entre ellos no justifican que nos horrorice la posibilidad de una industria que tratara a los perros como actualmente tratamos a los pavos, mientras seguimos apoyando con nuestras compras y nuestro consumo una industria que inflige ese sufrimiento a los pavos.

Por lo tanto, ¿qué vas a comer en la próxima celebración? La opción más sencilla es prescindir del plato principal de origen animal y conservar los acompañamientos, que para muchas personas constituyen, de hecho, la mejor parte de la comida. En Acción de Gracias, hay ya quienes compran un «pavo» vegetal, hecho a base de tofu, o quienes se animan a preparar ellos mismos un plato principal con tofu o seitán, que combinan muy bien también con la tradicional salsa de arándanos. Si eres tan rígido y tradicionalista que necesitas comer pavo sí o sí durante la celebración, lo mínimo que puedes hacer es planificar el menú y encargar con suficiente antelación uno de los escasos pavos de raza tradicional que aún se venden, ejemplares de crecimiento lento y criados en libertad. Procura que sea un animal sacrificado en la propia granja y no en un matadero. Y, por supuesto, ten en cuenta que te costará bastante más caro. Pero al menos ese animal se habrá librado de buena parte del sufrimiento que padecen los pavos blancos de pechuga ancha criados en confinamiento intensivo. Si además logras encontrar un avicultor que críe a sus pavos en pequeños grupos y al aire libre, con espacio de sobra, y que permita a las madres incubar sus huevos y cuidar de las crías, cabe la posibilidad de que, aunque breve, la vida de ese pavo haya sido buena e incluso feliz.

# Recetas para banquetear éticamente

Desde que llegué a Estados Unidos en 1999, cada año me reúno con un grupo de amigos para celebrar Acción de Gracias. Ninguno de nosotros come carne y cada uno aporta algo para la cena. Aquí tienes algunas recetas de las que hemos disfrutado juntos y que espero que puedan llegar a formar parte de un nuevo repertorio culinario festivo y «tradicional» para ti y para tu familia y amigos.

# Plato principal

Dado que he escrito este libro para animarte a reconsiderar tu consumo de pavo, empezaremos por ahí. La filósofa Karen Bennett nos trae una receta de «pavo» de seitán. *Seitan* es el nombre japonés de un alimento tradicional rico en proteínas que se utiliza también en otras regiones de Asia oriental y sudoriental y que se sirve a menudo en restaurantes budistas (como imitación del pato, por ejemplo). Se elabora a partir de la proteína del trigo y puede tener una textura masticable muy similar a la de la carne. Esto es lo que nos propone Karen:

## Pavo de seitán

Una comida festiva vegetariana o vegana no necesita que el plato principal sea proteico, pero a veces nos apetece incluir uno. Este plato que sugiero es ideal para la celebración de Acción de Gracias o para cualquier otro festejo, y combina muy bien con el relleno, la salsa vegana y todos los demás acompañamientos. Es a la vez sabroso y festivo. Además, puede prepararse con un día de antelación, lo cual resulta aún mejor porque el seitán adquiere una textura más firme al enfriarse. Puedes cocinarlo por completo o detenerte en el paso en que se envuelve en masa de tarta cruda para cocinarlo después.

INGREDIENTES SECOS
2 tazas de gluten de trigo (también conocido como gluten vital)
½ taza de harina de soja o de garbanzo
½ taza de levadura nutricional en copos
½ cucharadita de sal

MEZCLA LÍQUIDA
1 bloque de tofu firme escurrido (unos 340 g)
1½ tazas de agua
3 cucharadas de salsa de soja
1 cucharada de aceite de oliva
½ cebolla amarilla
3 dientes de ajo

LÍQUIDO DE COCCIÓN

Unos 2 litros de caldo de verduras casero o envasado (preferentemente del tipo «caldo de pollo», pero de verduras). Puedes añadir levadura nutricional al caldo para darle un sabor más rico.

## Preparación del seitán

Precalienta el horno a 165 °C.

Mezcla los ingredientes secos en un bol grande, a ser posible uno que sea compatible con una batidora eléctrica equipada con gancho de amasar. Tritura los ingredientes líquidos con una batidora o procesadora de alimentos. Vierte la mezcla líquida sobre los ingredientes secos y amasa con el gancho durante unos 10 minutos. Deja reposar la masa al menos 20 minutos y luego amasa de nuevo otros 10 minutos. (Si no tienes gancho amasador, tendrás que realizarlo a mano. Es una masa mucho más densa y pesada que la del pan, así que prepárate para hacer ejercicio). No acortes el tiempo de amasado: es fundamental para desarrollar el gluten y lograr la textura adecuada del plato final.

Saca la masa del bol. Corta dos trozos pequeños en forma cilíndrica para hacer los «muslos». Trabaja el resto de la masa para obtener una pieza oblonga y abombada, de modo que imite el cuerpo del «pavo». No te obsesiones con la precisión: durante la cocción se deformará igualmente. De momento basta con conseguir una forma aproximada.

Vierte el caldo en una olla apta para horno y con tapa, del tipo *cocotte* u «horno holandés». Introduce las tres piezas de seitán en el líquido, tapa la olla y hornea durante unas 3 horas, dándoles la vuelta varias veces a partir de la mitad de la cocción. Pasado ese tiempo, retira la tapa. Si aún queda líquido, hornea unos 30 minutos más. El seitán debe quedar esponjoso, no muy firme, pero con una textura claramente distinta de cuando está crudo. Sácalo de la olla y deja que se enfríe. Una vez frío, retócalo o recórtalo para optimizar la forma si lo deseas. Mientras tanto, prepara la «piel».

## La «piel»

La «piel» se hace con masa quebrada. Para elaborar la masa, puedes usar la receta que prefieras, siempre que respetes dos reglas: si la receta lleva azúcar, prescinde de ella, pero asegúrate de que sí lleve algo de sal (alrededor de ½ cucharadita) y de que la cantidad de masa sea suficiente como para cubrir por completo una tarta con base y tapa de masa (o dos tartas abiertas, con masa solo en la base).

Precalienta el horno a la temperatura indicada en tu receta de masa.

Extiende la masa hasta que tenga un grosor de unos 6 mm. Métela en el frigorífico unos 20 minutos.

Corta alrededor de un cuarto de la masa y divide ese trozo en dos partes pequeñas. Úsalas para envolver los «muslos», estrechando la forma en el último tercio de su longitud para imitar la silueta propia de un muslo de ave. Utiliza el resto de la masa para envolver el cuerpo del seitán, procurando que las zonas de unión queden por debajo para que no se vean (en esta etapa sí conviene esmerarse más en la presentación). Haz unos cortes en la parte superior de la masa para que salga el vapor.

Forra una bandeja de horno con papel de aluminio, coloca en ella como prefieras tu «ave» vegetal y hornéala hasta que se dore la masa.

Decora con ramitas de salvia y tomillo frescos. Si te apetece, puedes añadir también unos granos de granada.

*Esta receta es una versión (reescrita y muy modificada) de la que durante un tiempo podía encontrarse en el blog <http://veganfeastkitchen.blogspot.com>, de Bryanna Clark Grogan.*

Para quienes deseen acompañar su «pavo» de una deliciosa salsa, una de nuestras amigas nos trae esta receta de salsa de champiñones, inspirada en una receta de Melissa Clark, publicada en *The New York Times*:

## Salsa vegana de champiñones (puede prepararse con antelación)

INGREDIENTES
½ taza de aceite de oliva virgen extra
½ cebolla pequeña, finamente picada (½ taza)
115 g de champiñones *portobello baby*, finamente picados (1 taza)
½ taza de harina de trigo común
4-5 tazas de caldo de verduras, preferentemente casero, según se requiera

1 cucharadita de salsa de soja (o más, al gusto)
½ cucharadita de sal
¼ cucharadita de pimienta negra

En una sartén grande, calienta el aceite a fuego medio-alto. Añade la cebolla y los champiñones; sofríe entre 8 y 10 minutos, removiendo hasta que estén bien dorados.

Espolvorea la harina y sofríe entre 3 y 5 minutos, mientras remueves para que la mezcla adquiera un tono dorado.

Añade poco a poco el caldo de verduras, batiendo con varillas, para obtener una salsa homogénea. Deja hervir a fuego lento entre 2 y 3 minutos, hasta que espese. Salpimienta al gusto y añade la salsa de soja. Sirve tal cual o pásala por un colador fino. Con esta receta se obtienen unas tres tazas y media de salsa.

# Guarniciones y ensaladas

Otros amigos nos traen diferentes propuestas de acompañamiento, como salsa de arándanos rojos, relleno (que, por supuesto, no se usa para rellenar nada) y batatas. El filósofo Dale Jamieson, especialista en ética ambiental, cambio climático y bienestar animal, es un viejo amigo mío. Lo conocí en el primer congreso sobre ética y bienestar animales, celebrado en 1978. Fue Dale quien me presentó al resto de las personas que hoy asisten a nuestras cenas de Acción de Gracias, y también quien nos dio estas recetas para la salsa de arándanos y las batatas.

## Salsa de arándanos rojos

INGREDIENTES
340 g de arándanos rojos frescos ecológicos
½ taza de agua

¼ taza + 3 cucharadas de sirope de arce puro
¼ taza de zumo de naranja natural
½ cucharadita de nuez moscada rallada
¼ cucharadita de canela molida
2 ramas de canela

Hierve los arándanos en agua, añade el resto de los ingredientes y deja reposar a temperatura ambiente o enfría antes de servir.

## Batatas asadas con sirope de arce

INGREDIENTES
2 batatas grandes
¼ taza de sirope de arce
2 cucharadas de azúcar moreno
¼ cucharadita de canela
2 cucharadas de aceite de oliva
Sal al gusto

Hornea a 200 °C durante 40-60 minutos.

Otro filósofo, Michael Strevens, nos trae una refrescante ensalada de remolacha. Cuando le pedí la receta, Michael, como buen filósofo, la describió como «más una idea que una receta». Pero al final lo persuadí para que la redactara de manera que cualquiera pueda ponerla en práctica:

### Ensalada de remolacha de finales de otoño

Calcula una remolacha mediana por persona. Envuelve cada remolacha en papel de aluminio, dejando fuera unos centímetros del tallo, y ásalas a 200 °C durante unos 75 minutos (a los 60 minutos, pincha con una brocheta para ver si están cocidas).

Pela las remolachas, córtalas en rodajas o cubos y aderézalas con aceite de oliva, vinagre balsámico, sal y pimienta, junto con alguna combinación de los siguientes ingredientes, en cantidades más o menos idénticas a las de remolacha:

Rábanos de invierno cortados en rodajas o cubos (por ejemplo, rábano negro o rábano sandía)
Colirrábano en rodajas o cubos
Manzana verde en rodajas o cubos

Añade unos 100 g o más de brotes de guisante justo antes de servir y mézclalo todo.

Un clásico es añadir también un cuarto de taza de nueces.

Soy recolector de setas y, en el nordeste de Estados Unidos, en octubre y a principios de noviembre es temporada de mi seta favorita: la *Grifola frondosa*, conocida también como «cabeza de carnero», *maitake* («hongo bailarín») en Japón o *hen of the woods* («gallina de los bosques») en Estados Unidos. Si sabes lo que buscas, no son difíciles de encontrar. Algunas son enormes y pueden llegar a pesar varios kilos. Se congelan bien, así que siempre puedo transportar las suficientes conmigo como para ofrecer una ración de entrante a cada comensal en Acción de Gracias. Las cocino justo antes de servirlas.

## «Cabeza de carnero» (setas)

Corta la seta en trozos del largo aproximado de un dedo, aunque pueden tener el ancho de hasta tres dedos. Procura eliminar toda la tierra o arenilla. La *Grifola frondosa* es un hongo parásito de los árboles de hoja caduca, especialmente de los robles, y suele crecer desde la raíz o desde la base del tronco. Si crece por completo en la parte aérea del árbol, puede no contener tierra, pero, si lo hace a través del suelo, es probable que contenga partículas de tierra o arenilla atrapadas entre los pliegues. Aunque mucha gente dice que no se deben lavar las setas con agua, estas en concreto pueden limpiarse con ella sin problema.

Si vas a congelarla, coloca los trozos ya limpios en una bolsa de plástico, ciérrala bien y guárdala en el congelador. Antes de cocinarlos, descongélalos y exprímelos para eliminar cuanta agua sea posible.

Calienta un poco de aceite de oliva en una sartén grande. De manera opcional, puedes sofreír en el aceite unos dientes de ajo laminados o machacados. Añade los trozos de seta y rocíalos con un poco de salsa de soja (sin pasarte, o se perderá el excelente sabor del hongo). Cuando las setas estén doradas y desprendan un buen aroma, estarán listas para ser servidas.


Nuestras propuestas no se limitan a los platos tradicionales estadounidenses de Acción de Gracias. Chunmei Li, que trabaja en Partners in Health y es la esposa de Dale, prepara deliciosos platos oriundos de China, su país natal, entre ellos el siguiente:

## Tofu estilo Sichuan con col china

INGREDIENTES

- 1 col china (también conocida como repollo chino, col de Pekín, *napa*, *pe-tsai* o *wombok*), troceada en porciones medianas
- 1 bloque de tofu firme, cortado en cubos de unos 2,5 cm
- 3 cucharadas de aceite
- 1 manojo de fideos de soja o *glass noodles*
- 2 cucharadas de salsa de soja
- 1 cucharada de pasta picante de habas y chile estilo Sichuan (*doubanjiang*); si no quieres que pique, puedes usar salsa de ajo y judía negra como sustituto. Si te gusta el picante pero no encuentras *doubanjiang*, utiliza otra pasta de chile o mezcla un poco de *sriracha* con la salsa de ajo y judía negra.
- 2 chiles frescos rojos o verdes (elige el tipo según el nivel de picante que prefieras)
- 3 dientes de ajo, laminados o prensados
- 5 rodajas de jengibre, finamente picadas
- 1 cebolleta cortada en trozos pequeños

1 cucharada de maicena (opcional)
Sal al gusto

PREPARACIÓN
1. Calienta el aceite y saltea los cubos de tofu hasta que estén dorados. Resérvalos.
2. Mezcla la salsa de soja con un poco de agua en un bol y añade la maicena y, en caso de usarla, la *sriracha*.
3. Pon los fideos en agua hirviendo. Una vez que estén blandos, córtalos con tijeras de cocina para que no queden demasiado largos.
4. Calienta aceite y sofríe el ajo, el jengibre y la mitad del chile fresco durante 2 minutos a fuego medio, hasta que desprendan aroma. Añade entonces la pasta de chile Sichuan o la salsa de ajo y judía negra, y sofríe durante un minuto más.
5. Incorpora la col china, los fideos y el tofu.
6. Añade la mezcla de salsa del paso 2.
7. Cocina a fuego medio hasta que la salsa hierva, luego baja el fuego y deja cocer a fuego lento unos 6 minutos.
8. Decora el plato con la cebolleta picada y el resto del chile fresco.
9. Si prefieres una salsa más espesa, añade la maicena.
10. Ajusta de sal si es necesario.

# Postre

Mi esposa, Renata, quien actualmente se dedica principalmente a promover eventos culturales en lengua yidis, nos presenta este maravilloso postre vegano. Es uno de nuestros favoritos, y también uno de los preferidos de Lori Sandler, fundadora de la pastelería vegana y sin frutos secos Divvies Bakery, en South Salem (Nueva York).

### Bizcocho tibio de manzana y albaricoque (vegano)

INGREDIENTES
Espray antiadherente para hornear
3 tazas de harina
1 cucharadita de sal
¾ cucharadita de canela molida
1 cucharadita de bicarbonato de sodio

1 cucharadita de polvo de hornear (polvo gasificante)

1½ tazas de aceite de canola

1½ tazas de azúcar

½ taza de compota de manzana (un envase individual de 120 g suele equivaler a ½ taza)

⅓ taza de mermelada de albaricoque que tenga el 100 por ciento de fruta

3 tazas de manzanas Granny Smith peladas, sin corazón y cortadas en cubos de unos 6 mm de grosor (unas 5 manzanas)

PREPARACIÓN

1. Precalienta el horno a 175 °C.
2. Rocía un molde tipo *bundt* (de corona) con el espray antiadherente para hornear.
3. En un bol, bate con varillas la harina, la sal, la canela, el bicarbonato y el polvo de hornear. Reserva.
4. (A partir de este paso, Renata usa una batidora eléctrica). En otro bol, bate el aceite y el azúcar con batidora eléctrica, empezando a velocidad baja y subiendo gradualmente a alta, durante un total de 3 minutos. Añade la compota de manzana y la mermelada de albaricoque, y bate un minuto más a velocidad alta, hasta obtener una mezcla cremosa.

5. Incorpora los ingredientes secos a la mezcla húmeda y bate a velocidad media hasta que se integren. Raspa las paredes del bol con una espátula y continúa batiendo. La masa quedará espesa y un poco grumosa.

6. Incorpora a la masa las manzanas cortadas y mezcla a baja velocidad hasta que estén bien repartidas. Vierte la masa, que será ya bastante espesa, en el molde preparado.

7. Hornea durante 60-70 minutos, girando el molde a la mitad del tiempo para lograr una cocción uniforme. Comprueba la cocción insertando un palillo en el centro del bizcocho: al sacarlo deberá salir limpio. Si las manzanas están muy jugosas, puede que necesites dejarlo más de tiempo, ya que el centro podría quedar un poco más húmedo. Saca el bizcocho del horno y desmóldalo de inmediato sobre una rejilla para que se enfríe.

Ración: 1 bizcocho tipo *bundt* (12 porciones).

# Agradecimientos

Este libro comenzó siendo un texto publicado por Project Syndicate, organización sin ánimo de lucro para la que llevo muchos años escribiendo artículos mensuales. La pieza llamó la atención de mi editor en Princeton University Press, Rob Tempio, quien me propuso ampliarlo hasta convertirlo en un libro. Le agradezco tanto la sugerencia como su orientación a lo largo de todo el proceso de escritura y edición del texto. También quiero hacer extensivo el agradecimiento a su asistente, Chloe Coy; a Karen Carter, quien supervisó la producción del libro; a Cindy Milstein, responsable de la corrección de estilo; al diseñador, Chris Ferrante; y a mi agente literaria, Kathy Robbins, así como a Janet Oshiro, de The Robbins Office, por sus valiosas sugerencias.

El título del ensayo original –y, por lo tanto, también el del presente libro– se inspira en el excelente ensayo de David Foster Wallace *Consider the Lobster* (publicado en España como *Hablemos de langostas*).

Sophie Kevany colaboró eficazmente en la labor de investigación, función que ya había desempeñado en la redacción de *Animal Liberation Now*, gracias a la concesión de una beca por parte de Open Philanthropy que permitió que me ayudara en ambos libros. Como menciono en el texto, me he basado en investigaciones realizadas por las organizaciones Mercy for Animals y People for the Ethical Treatment of Animals.

Quiero expresar un agradecimiento especial a dos veterinarias comprometidas con la misión de anteponer el bienestar animal a todo lo demás: Crystal Heath, cofundadora de Our Honor, y Gwendolen Reyes-Illg, quien trabaja para el Animal Welfare Institute. Ambas han sido muy generosas con su tiempo, aportando información y garantizando que los datos recogidos en este libro fueran precisos, especialmente en lo que respecta al tema de la «despoblación».

# Notas sobre las fuentes

p. 9: Los detalles sobre los orígenes del indulto presidencial al pavo se encuentran en «History of White House Thanksgiving Traditions», White House Historical Association, consultado el 5 de marzo de 2024, <https://www.whitehouse history. org/press-room/press-backgrounders/history of-white-house-thanksgiving-traditions>.

p. 10: Para el número de pavos sacrificados anualmente en Acción de Gracias, véase «Thanksgiving Turkey: How Many Turkeys Are Expected to Be Eaten This Year?», *Marca*, 21 de noviembre de 2023, <https://www.marca. com/en/lifestyle/us-news/2023/11/21/655ca-99622601d286d8b4593.html>.

p. 12: La cifra de pavos producidos comercialmente en Estados Unidos en 2022 proviene de «Raising America's Turkeys», National Turkey Federation, consultado el 5 de marzo de 2024, <https://www.eatturkey.org/raising-tur-keys/>.

p. 13: Sobre la domesticación de los pavos por parte de los pueblos indígenas americanos, véase A. W. Schorger, *The Wild Turkey: Its History and Domestication*, Norman, University of Oklahoma Press, 1966; y «The Role of Turkey in the Southwest», en *Environment, Origins and Populations*, ed. William C. Sturtevant, vol. 3, *Handbook of North American Indians*, Washington D. C., Smithsonian Institution, 2006, pp. 463-469.

p. 14: Para evidencias científicas de que las hembras de pavo prefieren a los machos con carúnculas (mocos) más largas, véase Richard Buchholz, «Mate Choice Research», Universidad de Mississippi, Departamento de Biología, consultado el 5 de marzo de 2024, <https://biology. olemiss.edu/people/faculty/richard-buchholz/ buchholz-mate-choice-research/>.

p. 14: La descripción que hace Fabián de Malvolio está en William Shakespeare, *Noche de reyes*, acto II, escena 5.

p. 15: El mito de que los pavos se ahogan cuando llueve se desmonta en Matthew Rozsa, «Stupid Turkeys? Scientists Say That the Unfairly Maligned Bird May Actually Be Stuffed with Smarts», *Salon*, 25 de noviembre de 2021, <https://www.salon. com/2021/11/25/turkeys-actually-smart/>. Sobre la agresividad entre pavos, especialmente cuando están hacinados en interiores, véase Jason G.

Goldmann, «Nothing to Gobble At: Social Cognition in Turkeys», *Scientific American*, 27 de noviembre de 2013, <ttps://blogs.scientificamerican.com/thoughtful-animal/nothing-to-gobble-at-social-cognition-in-turkeys>.

p. 17: Que los perros son capaces de superar una prueba de «espejo olfativo» se muestra en Alexandra Horowitz, «Smelling Themselves: Dogs Investigate Their Own Odours Longer», *Behavioural Processes*, 143, 2017, pp. 17-24. Para evidencias científicas de que los gallos se reconocen a sí mismos en un espejo, véase Sonja Hillemacher, Sebastian Ocklenburg, Onur Güntürkün e Inga Tiemann, «Roosters Do Not Warn the Bird in the Mirror: The Cognitive Ecology of Mirror Self-Recognition», *PLoS ONE*, 18, n.° 10, 2023, identificador 0291416, <https://doi.org/10.1371/journal.pone.0291416>.

p. 18: La información sobre Cornelius procede de Susan Cleland, «Life according to Cornelius», 2 de octubre de 2021, Happily Ever Esther Farm Sanctuary, <https://www.happilyever esther. ca/hogblog/2021/10/2/life-according-to-cornelius>.

p. 20: Las cifras sobre la producción de pavos están recogidas en «Turkey by the Numbers», National Turkey Federation, consultado el 6 de marzo de 2024, <https://www.eatturkey.org/turkeystats/>; y en «Turkey Sector: Background & Statistics», y

USDA, consultado el 6 de marzo de 2024, <https://www.ers.usda.gov/newsroom/trending-topics/turkey-sector-background-statistics/>.

p. 20: El aumento de peso de los pavos y el predominio de la variedad blanca de doble pechuga (*broad-breasted white*) en la producción comercial de pavos en Estados Unidos se analiza en Kenny Torella, «How America Broke the Turkey», *Vox*, 22 de noviembre de 2023, <https://www.vox.com/future-perfect/2023/11/22/23970874/thanksgiving-turkey-farming-jennie-o-hormel-white-house-pardon>.

p. 22: La descripción clínica de la inseminación artificial del pavo se cita en Keith Bramwell, «Artificial Insemination in Turkeys and Chickens», octubre de 2022, *Merck Veterinary Manual*, <https://www.msdvetmanual.com/poultry/artificial-insemination/artificial-insemination-in-turkeys-and-chickens> [hay trad. cast.: *Manual Merck de Veterinaria*, EDRA, Zaragoza, 2022].

p. 23-28: Una versión del relato de Jim Mason sobre su experiencia como inseminador de pavos apareció por primera vez en Peter Singer y Jim Mason, *The Ethics of What We Eat*, Nueva York, Rodale, 2006 [hay trad. cast.: *Somos lo que comemos: la importancia de los alimentos que decidimos consumir*, trad. Genís Sánchez Barberán, Paidós, Barcelona, 2009].

p. 26: La cita es de Anne Readel, «How Wild Turkeys Find Love», *The New York Times*, 21 de noviembre de 2022, <https://www.nytimes.com/2022/11/21/travel/wild-turkeys-mates.html>.

p. 28: La afirmación falsa de la Federación Nacional del Pavo sobre la razón de la inseminación artificial se encuentra en «Raising America's Turkeys», consultado el 4 de enero de 2024, <https://www.eatturkey.org/raising-turkeys/>.

p. 31: El dato del 99,8 por ciento de pavos criados en sistemas de confinamiento intensivo procede de cálculos realizados por el Sentience Institute, <https://www.sentienceinstitute.org/us-factory-farming-estimates>. Para el Censo Agrícola de Estados Unidos de 2022, véase <https://www.nass.usda.gov/Publications/AgCensus/2022>. Para la cifra de cuatro pavos por granja en 1910, véase Colin G. Scanes, George Brant y M. Eugene Ensminger, *Poultry Science*, 4.a ed., Old Bridge (Nueva Jersey), Pearson Prentice Hall, 2004, p. 6.

p. 33: El comentario original procede de Frances Moore Lappé y Joseph Collins, *Diet for a Small Planet*, Nueva York, Ballantine Books, 1971. Para una actualización de 2015, véase «Meat Madness», Small Planet Institute, 10 de noviembre de 2015, <https://www.smallplanet.org/single-post/2016/11/10/meat-madness>.

p. 34: Sobre el aumento de la agresividad cuando los pavos están hacinados, véase Joanna Marchewka, T. T. Watanabe, Valentina Ferrante e Inma Estévez, «Review of the Social and Environmental Factors Affecting the Behavior and Welfare of Turkeys (Meleagris gallopavo)», *Poultry Science*, 92, n.º 6, 2013, pp. 1467-1473, doi:10.3382/ps.2012-02943.

p. 34: La estimación del tiempo que los pavos salvajes dedican a buscar alimento se encuentra en William M. Healy, «Behavior», en *The Wild Turkey: Biology and Management*, ed. James G. Dickson, Mechanicsburg (Pensilvania), Stackpole Books, 1992, pp. 46-65. Los problemas de bienestar en pavos criados en confinamiento están resumidos en Marisa Erasmus, «Welfare Issues in Turkey Production», en *Advances in Poultry Welfare*, ed. Joy Mench, Cambridge (Reino Unido), Woodhead Publishing, 2018, pp. 263-291.

p. 35-37: Jacquie Jacob analiza el «Beak Trimming of Poultry» (recorte de picos en aves) para el USDA Poultry Extension Service, en <https://poultry.extension.org/articles/poultry-behavior/beak-trimming-of-poultry/>, consultado el 6 de marzo de 2024. Sobre el dolor causado por este procedimiento, véase «FAWC Opinion on Beak Trimming of Laying Hens», Farm Animal Welfare Council, Gobierno del Reino Unido, 17 de noviembre de 2007, <https://www.gov.uk/government/publications/fawc-opinion-on-beak-trimming-of-laying-hens>. También Upasana Verma, O. P. Dinani, Sharad Mishra, A. K. Santra, V. N. Khune, Nishma Singh y Rupal Pathak, «Beak Trimming: A Management Tool», *Poultry Punch*, 20 de enero de 2020, <https://thepoultrypunch.com/2020/01/beak-trimming-a-management-tool>.

p. 37: Sobre la naturaleza dolorosa de la amputación parcial de las garras, véase M. J. Gentle y L. H. Hunter, «Neural Consequences of Partial Toe Amputation in Chickens», *Research in Veterinary Science*, 45, n.° 3, 1988, pp. 374-376. Sobre el impacto de estas amputaciones en la movilidad, véase J. Fournier, K. Schwean-Lardner, T. D. Knezacek, S. Gomis y H. L. Classen, «The Effect of Toe Trimming on Behavior, Mobility, Toe Length and Other Indicators of Welfare in Tom Turkeys», *Poultry Science*, 94, n.° 7, 1 de julio de 2015, pp. 1446-1453. Y también J. Fournier, K. Schwean-Lardner, T. D. Knezacek, S. Gomis y H. L. Classen, «The Effect of Toe Trimming on Production Characteristics of Heavy Turkey Toms», *Poultry Science*, 93, n.° 9, 7 de julio de 2014, pp. 2370-2374.

p. 39: Para el vídeo mencionado, con extractos del diario de la investigadora, véase <https://pardonaturkey.com/>.

p. 42-43: Para más información sobre densidades de alojamiento y frecuencia de limpieza de las naves, véase «US Poultry Industry Manual–Turkey Finishing», *Poultry Site*, 24 de noviembre de 2022, <https://www.thepoultrysite.com/articles/turkey-finishing>. Sobre el tamaño comparativo de pavos salvajes y comerciales, véase William M. Healy, «Behavior», en *The Wild Turkey: Biology and Management*, ed. James G. Dickson, Mechanicsburg (Pensilvania), Stackpole Books, 1992, pp. 46-65; y Kim Ha, «Talking Turkey», USDA, 11 de diciembre de 2019, <https://www.usda.gov/media/blog/2019/12/11/talking-turkey>.

p. 44: Sobre los problemas derivados de criar pollos y pavos para que engorden rápidamente, véase James Erlichman, «The Meat Factory: Cruel Cost of Cheap Pork and Poultry–Factory Methods Have Slashed Meat Prices in the Last 30 Years», *The Guardian*, 14 de octubre de 1991; y John Webster, *Animal Welfare: A Cool Eye towards Eden*, Oxford, Blackwell Science, 1995, p. 156. También Virginie Allain, D. Huonnic, M. Rouina y Virginie Michel, «Prevalence of Skin Lesions in Turkeys at Slaughter», *British Poultry Science*, 54, n.º 1, 2013, pp. 33-41. Sobre la recomendación de usar linajes genéticos de rápido crecimiento a pesar de que ello comporte «la pérdida de unas pocas aves», véase R. Scott Beyer, «Leg Problems in

Broilers and Turkeys», Kansas State University, junio de 2004, <https://krex.k-state.edu/handle/2097/21686>.

p. 46: El cálculo del número de aves se basa en las cifras publicadas en «US Poultry Industry Manual–Turkey Finishing», *Poultry Site*, 24 de noviembre de 2022, https://www.thepoultrysite.com/articles/turkey-finishing; y en Kim Ha, «Talking Turkey», USDA, 11 de diciembre de 2019, <https://www.usda.gov/media/blog/2019/12/11/talking-turkey>. Sobre ampollas en el pecho de los pavos, véase Edgar Oviedo-Rondón, «Predisposing Factors That Affect Walking Ability in Turkeys and Broilers», *Poultry Site*, 1 de febrero de 2009, www.thepoultrysite.com/articles/predisposing-factors-that-affect-walking-ability-in-turkeys-and-broilers#; y «Preventing Breast Blisters and Buttons», *Hybrid*, 5 de enero de 2022, <www.hybridturkeys.com/en/news/preventing-breast-blisters-and-buttons/>.

p. 49: El hambre desesperada de los progenitores de pollos de crecimiento rápido se documenta en M. Zukiwsky, Mohammad Afrouziyeh, F. E. Robinson y Martin Zuidhof, «Feeding, Feed-Seeking Behavior, and Reproductive Performance of Broiler Breeders under Conditions of Relaxed Feed Restriction», *Poultry Science*, 100, n.° 1, 2021, pp. 119-128, doi:10.1016/j.psj.2020.09.081.

p. 50: El vídeo sobre Butterball puede verse en «Hidden Camera: Shocking Truth behind Butterball Thanksgiving», Mercy for Animals, 14 de noviembre de 2012, <https://www.facebook.com/watch/?v=434283839954515>.

p. 51: Sobre las carencias de la legislación federal estadounidense a la hora de proteger a los animales de granja, véase Animal Welfare Institute, *Legal Protections for Animals on Farms*, mayo de 2022, <https://awionline.org/sites/default/files/uploads/documents/22-Legal-Protections-Farm.pdf>.

p. 52: El estudio sobre mataderos en Francia y España fue realizado por Alexandra Contreras-Jodar, Aranzazu Varvaró-Porter, Antonio Velarde y Virginie Michel, y publicado como «Relevant Indicators of Consciousness after Waterbath Stunning in Turkeys and Stunning Efficiency in Commercial Conditions», *Animals*, 13, n.º 4, 2023, identificador 668, doi:10.3390/ani13040668.

p. 53: Timothy Pachirat hace referencia a la alta rotación de trabajadores en mataderos en *Every Twelve Seconds*, New Haven (Connecticut), Yale University Press, 2011, pp. 85-86. Véase también Björn Jóhann Ólafsson, «The Human Cost of Working in a Slaughterhouse», *jfa*, 16 de enero de 2023, <https://www.thejfa.com/read/human-cost-working-slaughterhouse>.

p. 54: Las afirmaciones de Butterball sobre su producto aparecen en su guía «How to Choose a Turkey», consultada el 11 de marzo de 2024, <https://www.butterball.com/how-to/choose-a-turkey>. Para las observaciones recogidas por el investigador de PETA, véase «Turkeys Used for Food», PETA, consultado el 11 de marzo de 2024, <https://www.peta.org/issues/animals-used-for-food/factory-farming/turkeys/>.

pp. 56-57: Agradezco a Crystal Heath el acceso a los informes veterinarios de Minnesota sobre «despoblaciones», obtenidos mediante una solicitud pública estatal, de los cuales se extrae esta información, así como la confirmación basada en las indemnizaciones pagadas por el USDA de que los pavos fueron criados para Jennie-O Turkey Store. Más detalles disponibles en <https://www.ourhonor.org/blognew/bailouts>.

p. 59: Sobre el uso del término «eutanasia» para describir la muerte por calor, véase Kim Bellware, «Egg Prices Haven't Come Down with Inflation. Here's Why», *The Washington Post*, 10 de enero de 2023; y Sue Willson, «Live Bird Farms Ordered to Euthanize Healthy Flocks Due to Potential Spread of Avian Flu», *ABC27*, WHTM, 24 de febrero de 2023, <https://www.abc27.com/news/top-stories/live-bird-farms-ordered-to-euthanize-healthy-flocks-due-to-potential-spread-of-avian-flu/>.

p. 60: Véase el informe del USDA «2022–2023 Highly Pathogenic Avian Influenza Outbreak», www.aphis.usda.gov/sites/default/files/hpai-2022-2023-summary-depop-analysis.pdf. Para el número de días transcurridos hasta la «despoblación secundaria», véase la figura 12. La matanza de cerdos mediante VSD+ es descrita –de manera objetiva, pero no por ello menos espeluznante– por los veterinarios que la supervisaron: Angela Baysinger, Michael Senn, Jordan Gebhardt, Christopher Rademacher y Monique Pairis-Garcia, en «A Case Study of Ventilation Shutdown with the Addition of High Temperature and Humidity for Depopulation of Pigs», *Journal of the American Veterinary Medical Association*, 259, n.° 4, agosto de 2021, pp. 415-424. Sobre el uso continuado del VSD+ en pollos, véase Gwendolen Reyes-Illg, Jessica E. Martin, Indu Mani, James Reynolds y Barry Kipperman, «The Rise of Heatstroke as a Method of Depopulating Pigs and Poultry: Implications for the US Veterinary Profession», *Animals*, 13, n.° 1, 2023, identificador 140, doi:10.3390/ani13010140. Para los brotes continuos de gripe aviar en 2024, véase *WattPoultry*, 6 de mayo de 2024, <https://www.wattagnet.com/poultry-meat/diseases-health/avian-influenza/article/15670187/minnesota-has-second-commercial-flock-hit-by-hpai-in-2024>.

p. 60-61: El estudio de 2010 que certificó una muerte rápida mediante el empleo de espuma con nitrógeno es del Department for Environment, Food & Rural Affairs del Reino Unido: «Further study to develop a humane method to kill poultry using gas-filled foam – MH0144», <https://randd.defra.gov.uk/ProjectDetails?ProjectId=16822>.

p. 63: Los informes mencionados del Panel de la Autoridad Europea de Seguridad Alimentaria (EFSA) sobre sanidad y bienestar animal son «Killing for Purposes Other Than Slaughter: Poultry», opinión científica adoptada el 26 de septiembre de 2019, *EFSA Journal*, 17, n.º 11, 2019, identificador 5850; «Welfare of Pigs during Killing for Purposes Other Than Slaughter», opinión científica adoptada el 25 de junio de 2020, *EFSA Journal*, 18, n.º 7, 2020, identificador 6195.

p. 64-65: Las opiniones de los veterinarios citados en este párrafo sobre la aceptación del método VSD+ por parte de la AVMA fueron recogidas por Crystal Heath en 2023, con permiso para su divulgación pública.

p. 66: La información sobre las indemnizaciones económicas recibidas por los productores de pavos procede de los pagos realizados por el Servicio de Inspección Sanitaria de Animales y Plantas (APHIS) del USDA, pagos que pueden consultarse en <https://www.usaspending.gov>. La organización Our Honor ha recopilado estos datos y los ha puesto a disposición pública en <https://www.ourhonor.org/blognew/bailouts>.

p. 68: Para una defensa del principio de igual consideración de intereses, véase Peter Singer, *Animal Liberation*, Nueva York, The New York Review of Books, 1975 [hay trad. cast.: *Liberación animal*, Barcelona, Taurus, 2018]; Peter Singer, *Animal Liberation Now*, Nueva York, HarperCollins, 2023.

p. 70-71: Estas son las obras más relevantes de los pensadores mencionados: Tom Regan, *The Case for Animal Rights*, Berkeley, University of California Press, 2004; Christine Korsgaard, *Fellow Creatures*, Oxford, Oxford University Press, 2018; Martha Nussbaum, *Justice for Animals*, Nueva York, Simon and Schuster, 2022 [hay trad. cast.: *Justicia para los animales. Una responsabilidad colectiva*, trad. Albino Santos Mosquera, Barcelona, Paidós, 2023]; Andrew Linzey, *Animal Rights*, Londres, S.C.M. Press, 1976; David Clough, *On Animals*, Nueva York, Bloomsbury, 2014; Charles Camosy, *For Love of Animals*, Cincinnati, Franciscan Media, 2013; Peter Singer y Shih Chao-Hwei, *The Buddhist and the Ethicist*, Boulder (Colorado), Shambhala, 2023.